PETITES SCÈNES DE JARDIN

Bénédicte **Boudassou**

PETITES SCÈNES DE JARDIN

Photographies de Georges **Lloyd**

Rustica ÉDITIONS

À Mogany et Axel, deux graines de vie
qui poussent dans le jardin de l'Univers.

Dépôt légal : novembre 2005
ISBN : 2-84038-611-9
N° d'éditeur : 48529

Sommaire

Avant-propos

Bien sûr l'idée d'un tout doit présider à la conception d'un jardin, bien sûr le regard doit pouvoir embrasser le paysage, même si plusieurs parties s'en distinguent pour créer l'opportunité de découvertes successives. Regarder de près est une autre approche, tout aussi captivante. L'identité intime du jardin s'en dégage avec plus de force. La réalité de chaque parcelle de terrain apparaît alors pour ce qu'elle est véritablement. Quand sa composition a été à l'origine réalisée comme les différentes parties d'un tableau, on se trouve en présence d'une succession de petites scènes qui se fondent dans un ensemble. Chacune possède sa valeur intrinsèque et participe aussi à la trame générale du jardin. Mais une composition globale recèle aussi de multiples occasions de s'émerveiller à chaque pas : une liane s'approprie un portique en volutes dansantes, une fleur éclôt là où rien ne devait troubler la constance du vert, un banc s'intègre inéluctablement dans la haie qui le soutenait…

La qualité de ces scènes rapprochées se dévoile souvent ainsi, un peu par hasard. Cela peut-être aussi le regard que l'on porte à un moment sur un endroit précis du jardin, sur une scène devant laquelle on passe chaque jour et qui brusquement prend une autre dimension, devient un morceau de poésie que l'on se plaît à contempler sans plus se soucier de ce qui l'entoure. L'œil privilégie un certain cadrage, l'esthétique particulière d'une association de couleurs et de formes. Ou bien il capte un instantané pris sur le vif et que la mémoire gardera en référence. Cette vision par petites touches déclenche une intensité émotionnelle qu'il est plaisant de retrouver chaque fois que l'on parcourt le jardin. Mais prend-on assez le temps de savourer ces instants, ces petites scènes qui demandent une attention toute particulière ? Cet ouvrage vous en livre quelques exemples*, pour que vous ayez l'envie de vous attacher davantage à celles de votre univers. Prenez l'habitude de vous arrêter au fil des chemins, de chercher les clins d'œil que vous propose le théâtre de votre jardin. Peu à peu vous profiterez de toutes les petites scènes qui s'offriront à vous, puis en imaginerez d'autres pour le pur plaisir de vous émouvoir encore.

Bénédicte Boudassou

**Les plantes citées ont été indiquées de gauche à droite, du devant vers le fond.*

Invitation à entrer

« Poussez la porte, elle s'ouvre sur le paradis ! » Difficile de le croire sans en avoir un aperçu, même bref, par la mise en scène de la porte et de ses alentours.
L'entrée donne une première impression des lieux dont le souvenir restera gravé dans la mémoire. Quand elle est accueillante, l'envie est grande pour le visiteur de pénétrer dans cet univers de volupté végétale qu'est le jardin. Ce visiteur sera d'autant mieux convié à ce plaisir si des lianes parfumées encadrent l'ouverture, si des fleurs se laissent apercevoir derrière le portail. Et quand la porte pleine ne dévoile aucune vue de l'intérieur, le regard cherche dans ses atours un signe de ce qui se trouve de l'autre côté. Potées colorées, mur habillé de grimpantes, massifs joliment composés forment alors des petites scènes indispensables. Elles sont là pour rendre la promesse effective : oui, la porte s'ouvre bien sur un paradis de fleurs et de verdure !
Au sein du jardin, portes et portillons ont aussi leur utilité. Leur mise en scène sera dans ce cas en étroite liaison avec le style des lieux. Ils séparent des espaces qui n'ont pas le même usage, marquent une transition dans la progression à travers le jardin. Mais ils doivent se fondre dans le décor tout en apportant un attrait supplémentaire.
Ils ménagent ainsi d'agréables surprises au promeneur non averti et permettent au jardinier-concepteur de changer d'ambiance quand le besoin s'en fait sentir. De cette façon, les différentes parties du jardin peuvent se concevoir séparément sans risque de choquer visuellement. Pour d'un jardin en parcourir finalement plusieurs…

Dans la haie

Dans l'uniformité d'un mur de feuilles s'ouvre soudain un portillon de jardin. Ouvragé mais d'aspect rustique, en bois plein, il s'accorde avec le style ordonné de la scène qui ne laisse aucune fioriture l'agrémenter.

Haie de hêtres (Fagus sylvatica).

En limite de jardin

Au fond du jardin, un petit portillon à demi enfoui dans la végétation attire le regard. Sa couleur bleu lavande le distingue, mais par un effet de perspective le fait paraître éloigné alors qu'il se situe seulement à quelques enjambées. Les plantes des massifs gagnent du terrain sur l'allée et créent une atmosphère un peu mystérieuse, comme pour masquer ce portillon qui conduit ailleurs. Vers un ailleurs que l'on a tout de suite envie d'aller explorer.

Sauge sclarée (Salvia sclarea *var.* turkestanica), *géranium vivace* (Geranium endressii), *rosier arbustif 'Cornelia', rosier 'Psyche'.*

Liaison harmonieuse

Ici finit le jardin, on entre dans la maison. Mais intérieur et extérieur conversent encore ensemble par le biais des plantes grimpantes et des massifs adossés à la façade. Les rosiers buissons aux tons vifs contrastent avec impertinence sur les couleurs sombres de la maison. Encadrant la porte principale, ils ont aussi pour rôle de garnir le pied des deux vignes palissées sur le mur.

Rosier polyantha, vigne pourpre (Vitis vinifera 'Purpurea'), *vigne d'ornement* (Vitis coignetiae).

Intégrée dans l'ambiance

Parfois, l'usage d'une porte est abandonné, mais celle-ci fait encore partie du décor. Laisser les plantes la coloniser un tant soit peu permet de l'intégrer davantage à l'ambiance du jardin. Pour cela, la vigne vierge semble la reine des envahisseuses, mais le chèvrefeuille offre aussi son parfum enivrant tout l'été. L'un et l'autre seront modérés dans leurs ardeurs par une taille annuelle, pour que toujours on aperçoive une partie de la porte entre leurs rameaux.

Chèvrefeuille (Lonicera japonica *'Halliana'*), *vigne vierge* (Parthenocissus tricuspidata *'Veitchii'*).

Entre pelouse et prairie

Quand l'agencement privilégie l'ouverture et la vue sur toutes les parties du jardin, les séparations, loin d'être superflues, doivent se montrer discrètes. Un simple portillon à double battant posé entre la pelouse et la prairie du verger peut suffire à délimiter ces espaces différents. Il surprend et apporte une note originale à la composition. Point n'est besoin de mur pour le tenir, de grillage ou de barrière, seuls sa présence et son aspect ouvragé arrêtent les pas, modifient la façon dont on va percevoir ces espaces.

Œnothère (Œnothera rosea), *au premier plan, verger de pommiers.*

Décor de charme

Entrez sous une voûte fleurie aux effluves exquises ! L'accueil est somptueux quand les roses sont écloses. Hors saison, le feuillage fournira un beau volume tout en accordant le premier rôle au portail. La blancheur de ce dernier restera attractive tout au long de l'année, ressortant mieux en hiver entre les conifères vert foncé de la haie.

Campanule (Campanula latiloba *à gauche, au pied de l'arche*), *rosier grimpant* (Rosa multiflora *'Grevillei'*).

Passages et ouvertures

Les passages annoncent l'assurance d'une continuité, d'un ailleurs au-delà du lieu dans lequel on se trouve. Ils se matérialisent de maintes façons, pour donner envie de s'aventurer plus loin. Souvent, ils rappellent aussi qu'il y a une limite, peut-être à ne pas franchir, mais d'où l'on aura une vue sur le paysage alentour. Ils créent dans ce cas la confusion, sciemment puisqu'ils arrêtent les pas tout en agrandissant encore l'espace visuel.

Pratiquées dans le végétal comme dans les murs, les ouvertures donnent la possibilité de s'engager vers d'autres parties du jardin. Elles sont aménagées dans la continuité d'une allée et marquent la fin d'une composition comme le début de la suivante. Toujours plus hautes que la taille d'un homme, elles n'entravent pas la marche même si elles ont pour rôle d'en ralentir le cours afin de faire découvrir la scène suivante sans précipitation. Car passer d'un endroit à un autre nécessite que l'on s'y prépare, sinon quel serait l'intérêt de fermer les espaces ? Il y a là une volonté de séparer, donc de masquer puis de dévoiler pour créer la surprise. L'ouverture concrétise l'invitation à aller découvrir ce qui se cache derrière le mur, la haie, le treillage…

Les ouvertures peuvent également n'être que des trouées formées à la hauteur du regard. Elles ressembleront alors à un jeu de fenêtres percées dans la masse végétale. Une taille régulière, au moins deux fois par an, les maintiendra nettes. Si elles sont découpées dans des claustras en treillage, le style de la structure devra correspondre à celui de l'ambiance générale afin d'éviter toute disharmonie.

Jardin secret

Nul ne remarquerait la présence du mur si cette porte ouverte en pierre ne créait une animation. Elle met en scène le passage entre les deux espaces qui pourtant ne semblent pas présenter de différences. Mais le charme opère, et qui sait… l'autre côté réserve peut-être des surprises.

Érable (Acer), *faux cyprès* (Chamaecyparis).

Rigueur et style

Une arche percée dans une haie taillée donne un style ordonné repris avec bonheur par des topiaires en buis, en laurier et en if. La composition très raffinée permet de guider le regard vers cette ouverture dans une scène sobre et monochrome qui contrastera d'autant avec le jardin suivant s'il est rempli de fleurs.

If sur tige (Taxus baccata), *alchémille* (Alchemilla mollis), *topiaires de buis* (Buxus sempervirens) *et charmille au fond* (Carpinus betulus).

Passage initiatique

Entre clairière et sous-bois, un grand treillage marque l'accès à la lumière d'un côté et l'enfoncement dans l'obscurité de l'autre. Symbolique et bien intégré dans son environnement par sa structure en bois, l'ouvrage rappelle aussi que le jardin commence là où la nature a été domptée. Tout autre passage « initiatique » peut se concevoir ailleurs, entre soleil et ombre mais aussi entre jardin de proximité et espace ouvert, jardin d'agrément et jardin potager…

Sous-bois de feuillus.

Trompe-l'œil

On devine l'allée grâce à l'ouverture pratiquée dans le mur. La fonction de cette dernière paraît donc évidente, offrir un passage, mais l'habillement du mur avec une grimpante uniforme lui confère un second rôle. Celui d'attester que de ce côté-ci l'on se trouve entièrement dans le domaine du végétal. Cette subtilité permet de masquer un mur quand il est peu esthétique et de faire croire que l'on a planté une magnifique haie.

Lavande (Lavandula angustifolia), *rosier 'Fée des Neiges', pittosporums en pots* (Pittosporum tobira).

Chambres de verdure

Différents jardins à thèmes se séparent par des haies et se relient par un circuit d'allées transversales. Ce système mis en œuvre dans les jardins de style classique offre au jardinier comme au visiteur l'attrait de multiples chambres de verdure où les collections végétales sont mieux mises en valeur. Le sommet de l'ouverture peut prendre toutes les formes, mais doit rester régulier.

Rosier 'New Dawn', rosiers buissons, haie d'ifs taillés (Taxus baccata), *banquettes de buis* (Buxus sempervirens).

Escaliers animés

Maçonnés, en grandes dalles de pierre, en bois ou en rondins bruts, toutes sortes d'escaliers marquent les passages obligés des jardins à niveaux. Et leur simple fonction utilitaire peut se transformer en réel avantage pour peu que l'imagination s'en mêle.

On peut imaginer trois marches qui descendent de la terrasse ; elles offrent un soutien aux touffes dressées de népétas et lavandes qui en masquent les contours abrupts ou bien font corps avec un buis taillé pour en affermir le volume. D'autres marches conduisent au potager ; elles servent de transition et de banc improvisé en même temps. Outils et paniers de cueillette y seront déposés le temps de reprendre son souffle. Si quelques corolles mutines de dahlias, cosmos, pois de senteur ou coréopsis viennent distraire cette structure, le plaisir de s'y reposer est décuplé.

Les escaliers-rocaille relèvent davantage d'une conception générale, car ils s'intègrent dans un plan d'ensemble. De longues et larges pierres naturelles sont généralement les plus adaptées à ce type d'installation qui demande du temps et des efforts. Mais le résultat, réussi, vaut les plus beaux massifs.

Les escaliers secrets, disposés de-ci de-là au jardin, sont ceux que l'on choie tant ils parlent de ce que l'on aime. Ils s'aménagent au fil des achats et des coups de cœur. Ils accueillent sur leurs marches tout ce que l'on n'oserait pas mettre ailleurs, les collections de pots ou d'ornements divers et variés. De ce fait, ils s'octroient un véritable rôle, celui de contenter nos petites envies comme nos petites manies !

Les escaliers d'honneur, en revanche, montrent tout au grand jour. Profitez-en pour les agrémenter de superbes potées qui seront ravies de s'y épanouir.

Échappée fleurie

Un escalier relie directement le premier étage au jardin, voilà une excellente occasion d'habiller le mur de façade pour enrober cet escalier et créer une ambiance feutrée. Dans le Sud, ce sera le rôle dévolu à la bougainvillée, dont le rose fuchsia reste tonique tout l'été. Ailleurs, un schizophragma pourra proposer ses nuées de fleurs blanches.

Bougainvillée (Bougainvillea).

Une voûte odorante

À la manière d'un escalier dérobé, celui-ci s'aperçoit à peine tant le regard est attiré par cette pluie d'or fournie par un mimosa planté à côté. L'attention peut ainsi être détournée, et la montée semble alors moins rude.

Mimosa 'Clair de lune'.

Un manteau de feuilles

Les plantes naines ou rampantes sont la parure idéale des contremarches car elles ne demandent que très peu de terre et étendent loin leurs tiges. Ce cotonéaster aux feuilles minuscules fleurit au printemps puis montre des baies rouges comme des rubis et finit par roussir en automne.

Cotonéaster nain rampant (Cotoneaster cochleatus).

Jungle apprivoisée

Vouloir une jungle dans un petit espace est tout à fait possible pourvu que l'on trouve facilement un chemin pour se frayer un passage. Le concepteur a ici balisé le terrain par des plages de bois s'étageant en longues marches jusqu'à la maison. La succession de niveaux agrandit l'espace tandis que la foison des végétaux de chaque côté semble inextricable.

Libertia (Libertia formosa), *bambou et rosier, pervenche et lierre sur les contremarches, mélianthus, géranium* (Geranium endressii).

Dans un style champêtre

La végétation robuste et dynamique de certaines annuelles, comme le cosmos ou le pavot de Californie, arrange bien des situations ! Une volée de graines au printemps, et le tour est joué pour agrémenter le bas d'un escalier de pierre couvert de mousse. Les couleurs vives des fleurs servent aussi de repère afin que personne ne bute sur l'obstacle.

Cosmos (Cosmos sulphureus 'Klondyke').

Un joli prétexte

Quelques marches suffisent pour poser potées et ornements, pour inviter les vivaces tapissantes à animer les bords, pour rapprocher les feuillages odorants du promeneur.
Et toute une scène prend forme sans beaucoup d'efforts. Mêler des plantes en pleine terre et d'autres en pots permet de changer la disposition générale à chaque saison, surtout si l'on a pensé à adopter deux ou trois persistantes.

Buis en boule dans les pots, sauge officinale (Salvia officinalis), *campanule des murs* (Campanula muralis, *syn.* C. portenschlagiana), *pivoine* (Paeonia).

Chemins de traverse

Incitation à la rêverie, les chemins que l'on emprunte au sein du jardin n'attendent que l'instant où l'on ralentit le pas pour dévoiler leurs abords. Plus les allées s'insinuent dans les massifs et les bosquets, plus le regard entre dans leur intimité. Les sens en alerte, on profite de chaque instant de ce parcours. L'esprit vagabonde au fil des ambiances différentes, l'œil se fait fureteur, la marche est sereine.

Et l'on découvre à ce moment une dimension supplémentaire à la promenade. Là où l'on pose le pied, la sensation diffère selon le revêtement utilisé. Un sol dallé fait retentir les pas, les graviers crissent pour avertir du moindre mouvement, les écorces et le sable amortissent au contraire tous les bruits. L'herbe drue reste douce sous les pieds, que l'on soit chaussé ou non, tout en donnant l'impression d'un moelleux fort agréable quand le sol n'est ni trop sec, ni trempé. Marcher pieds nus sur une allée en briques est aussi l'un des plaisirs que l'on peut se réserver. C'est une matière privilégiée, autant pour les allées raffinées qu'au potager où elle sert, en fine ligne, de passe-pied idéal entre les rangs de légumes et d'aromates. Les écorces de pin empêchent toute allure rapide, comme les galets scellés en motifs choisis.

Cette large palette de matériaux oblige à se poser des questions, à réaliser des associations, puis à élaborer un dialogue avec les plantes alentour. Utiles pour renforcer la trame du jardin, ces chemins sont une composante du décor où votre créativité peut s'exprimer. Ce n'est souvent pas le plus court chemin pour aménager le jardin, mais certainement le plus intéressant.

Parcours idyllique

Le raffinement et la composition maîtrisée d'une allée doivent beaucoup à la symétrie qui lui est donnée, tant par la végétation sur ses abords que par les ornements, arceaux et revêtements qui l'agrémentent. La profondeur de champ est un atout supplémentaire, ici amplifiée par la teinte claire du fin passage en galets au milieu des lavandes.

Lavande (Lavandula angustifolia), *succession de rosiers anciens sur la pergola, dont 'New Dawn' et 'Mme Alfred Carrière'.*

LA RIGUEUR DU TRACÉ

Que l'allée soit courte ou très longue, son tracé doit correspondre exactement aux besoins de la partie du jardin où elle se trouve. Trop large elle semblera déplacée, ce qui nuira à la composition, trop étroite on ne la remarquera pas assez ou on hésitera à l'emprunter. Attention également à l'ampleur de la végétation qui l'entoure. L'écartement minimum est de 80 cm à hauteur des épaules pour laisser le passage à une personne. Si l'allée est plus étroite, gardez la végétation peu élevée.
Quand le cheminement est droit, il est préférable que la perspective aboutisse à un point focal qui constitue un repère visuel. S'il est sinueux, gardez la largeur semblable du début à la fin et des bordures nettes pour éviter toute erreur et maintenir les massifs.

Esprit nature

La couverture des allées en écorces de pin a de multiples avantages, dont l'aspect décoratif rustique et celui d'empêcher les mauvaises herbes de voir le jour si la couche atteint au minimum 10 cm d'épaisseur. Mais dans un jardin très ordonné, il faudra canaliser ces écorces par des bordures encadrant les massifs. Ailleurs, le mieux est d'en couvrir en même temps allées et sol des massifs afin de créer une homogénéité qui réduira beaucoup l'entretien. Cette écorce se décompose lentement, en acidifiant légèrement le sol.

Graminées, buis et rosiers.

L'opulence des feuillages

Habituellement situées sur les berges ou dans les fossés humides, les pétasites et leurs énormes feuilles rondes animent aussi avec panache les abords des chemins. Le vert de la pelouse leur sied à merveille, et si quelques fleurs prennent de la hauteur au second plan, par exemple des rosiers grimpants, cela avivera l'ambiance.

Rosier 'Dorothy Perkins', pétasite géante (Petasites japonicus *var.* giganteus).

Pratique et décoratif

Entre gazon et massifs, un chemin de dalles reste le meilleur moyen d'avoir accès aux plantes pour leur entretien, et de marcher sereinement les jours de pluie sans patauger dans la pelouse.
Pour éviter que la coupure ne se remarque trop, les dalles peuvent se poser en alternance, comme des pas japonais. Les intervalles resteront en gazon ou bien seront plantés de petites vivaces.

Alchémille (Alchemilla mollis), *bergénia* (Bergenia cordifolia), *buis taillé* (Buxus sempervirens), *oreille-d'ours* (Stachys byzantina), *plantain pourpre* (Plantago major '*Rubrifolia*').

La campagne au jardin →

Le jaune si particulier des fleurs d'alchémille forme un doux contraste avec le rose violacé des digitales. Fraîcheur et gaieté se dégagent de l'ensemble. La régularité de cette association sur toute la longueur offre un bel effet de luxuriance végétale, et l'escalier placé dans le fond de la composition, en point de fuite, rend l'étroitesse de l'allée tout à fait supportable. La pelouse qui couvre cette allée rappelle que l'on est au jardin et non sur un chemin de campagne, malgré l'aspect sauvage des plantations.

Haie de charmes (Carpinus betulus), *alchémille* (Alchemilla mollis), *digitale* (Digitalis purpurea), *ifs taillés* (Taxus baccata).

Habillage végétal

Qu'une liane volubile entoure voluptueusement un pilier, et celui-ci passe du rang de simple poteau à celui de support de toutes les extravagances, savamment orchestrées. Arceaux métalliques, pergolas de bois, bancs couverts et autres reliefs architecturés s'habillent ainsi de végétal avec tous les honneurs dus à leur rang. Cependant, les mâts qui soutiennent les auvents font alors grise mine. Qu'à cela ne tienne ! Offrons-leur également une parure feuillue ou idéalement fleurie. La seule attention à leur devoir consiste à choisir des espèces qui sauront atteindre une certaine hauteur sans la dépasser, ou bien à les contrôler rigoureusement pour que le poids de la végétation n'entraîne aucune dégradation.

Barrières et palissades viennent ensuite sur la liste d'attente. Comme les murs, elles offrent de nombreux atouts pour les grimpantes. Ces dernières munies de ventouses s'y accrochent seules, et celles qui déploient des vrilles ne se font pas non plus prier pour les escalader. Restent celles qui poussent en longueur sans savoir comment s'y prendre. Les aider par des fils de fer solidement fixés leur sera d'un grand réconfort. Chaque rameau disponible palissé sur ce treillage le rendra vite invisible. Et le tour sera joué.

Enfin, le moindre grillage saura lui aussi tirer parti d'une annuelle grimpante, d'un lierre entreprenant ou d'une clématite à petit développement. Mais il faudra garder les rameaux toujours du même côté, pour mieux les soigner, les tailler si besoin et leur prédire une croissance sans entrave. Ce que l'on souhaite à chaque petite brindille pour qu'un jour elle devienne grande !

Un bon repère

Dans un jardin luxuriant où toutes les plantes se côtoient en un joyeux fouillis, un arceau couvert de roses anciennes crée un relief idéal. Il indique la présence de l'allée tout en se fondant dans la végétation.

Roses anciennes sur arceau.

Un tunnel de roses

Une longue pergola semble le meilleur emplacement pour une collection de rosiers grimpants. Selon les variétés choisies, les floraisons seront à leur apogée en fin de printemps ou se prolongeront tout l'été. Le bois brut de la structure, loin de desservir cette floraison délicate, l'accompagne le plus simplement possible pour que la beauté des roses soit la première observée. Les rameaux ont juste besoin d'un soutien solide et d'un bon palissage au fur et à mesure de leur croissance. Quelques trouées dans cette végétation permettent aux grappes de fleurs de s'aventurer le long des piliers et sous la charpente.

Rosiers 'American Pillar', rouge à fleurs simples, 'Kew Rambler' rose pâle, 'Paul's Himalayan Musk' blanc rosé et 'Maria Lisa', cerise.

Un pavillon romantique

Une succession de petites chambres de verdure donne au jardin l'occasion de nombreuses scènes intimes. Quand ces coins et recoins sont encadrés d'arceaux garnis de grimpantes, l'atmosphère garde un fil directeur romantique. Une gloriette renforce ce côté « jardin secret » où l'on prend plaisir à s'arrêter pour observer chaque détail, chaque fleur épanouie et la façon dont elle côtoie ses voisines. Placée à la croisée des chemins, cette gloriette fait office d'ornement autant que de lieu de repos sous les effluves parfumés des rosiers, glycines ou chèvrefeuilles...

Rosier 'Ghislaine de Féligonde' et glycine (Wisteria) *sur arceau, rosier blanc et hémérocalle jaune sur gloriette.*

Une guirlande raffinée

Offrir un support à des rosiers ne veut pas forcément dire gloriette, arceau ou pergola. Sur une fine guirlande métallique, ceux-là sont aussi joliment mis en valeur, chacun prenant un intervalle entre deux montants verticaux pour développer tout à son aise ses nombreux rameaux. Le bas de la structure, scellé dans un muret, est habillé de plantes vivaces au feuillage touffu dont les fleurs vives forment un contrepoint à la délicatesse des roses.

Hémérocalle (Hemerocallis), *pivoine* (Paeonia), *alchémille* (Alchemilla mollis), *rosiers anciens*.

Mise en scène

Dans un grand espace, autant se faire plaisir avec une véritable mise en scène quand on possède quelques joyaux végétaux, comme cette glycine du Japon blanche, dont les grappes s'effilent sur près de 50 cm de long. La floraison parfumée, en mai-juin, transforme l'allée en une promenade des délices. Il faudra cependant penser aux autres mois de l'année, et prévoir une autre grimpante, annuelle par exemple, capable de prendre le relais en été dans un style différent.

Glycine (Wisteria floribunda *'Alba'*).

Couleur primaire

Le style naturel, ici dans sa plus simple expression, est un choix que l'on peut faire à la campagne comme en ville. Des piliers bruts de châtaignier assemblés en pergola dans un environnement à demi-ombragé sont tout à fait à leur place, surtout si la haie de clôture se laisse apercevoir derrière. Un massif odorant d'œnothères leur donne vie du printemps à l'automne, attirant abeilles et papillons. Le caractère frugal de cette vivace convient bien ici.

Œnothère (Œnothera biennis).

Croissance rapide

Piliers de cabanon et abris de jardin peuvent offrir de nombreuses petites scènes. Une vigne, aussi volubile qu'une espèce décorative, s'offre le plaisir d'enrober ce gros pilier en bois. Ses rameaux munis de vrilles explorent l'endroit, cherchant tout support susceptible de leur convenir. Ils semblent s'étaler de leur plein gré, sans avoir encore subi de taille visant à contrôler leur développement. C'est un choix que l'on peut privilégier afin de profiter au plus vite d'une belle ampleur. La plante aura néanmoins besoin d'être guidée en partie haute par des fils de fer tendus sous la gouttière, qu'elle rendra invisibles par son feuillage touffu, puis d'être taillée pour éviter l'envahissement.

Vigne à fruits (Vitis vinifera *'Purpurea'*).

Une clôture végétale

Si les haies ne sont pas toujours les bienvenues dans un petit espace, les palissades en bois, barrières et grillages les remplacent judicieusement, quand fleurs et feuillages viennent les agrémenter. Toujours élégante, la clématite s'empare du relief proposé, quitte à retomber de l'autre côté, accompagnée par un lierre bien vert. À leur pied, rosiers, valérianes et géraniums forment un camaïeu de couleurs des plus agréables à contempler.

Géranium vivace (Geranium), *valériane* (Centranthus ruber), *rosier*, *clématite à grande fleur* (Clematis), *lierre* (Hedera helix).

L'association de trois espèces suffit amplement quand ces dernières s'organisent en une succession joliment ordonnée. Les arceaux d'une pergola donnent l'occasion de telles compositions jouant sur la répétition. Derrière la bordure touffue des népétas masquant le pied ingrat des rosiers, de hauts delphiniums marquent un arrière-plan très présent. Entre les deux, les roses grimpantes s'épanouissent à profusion, dans des tons qui contrastent en douceur avec ce décor tout en nuances de bleus.

Népétas (Nepeta), *pieds-d'alouette* (Delphinium), *rosiers*.

Potées fleuries

Elles s'immiscent au jardin au détour des allées, trônent devant les massifs et se lovent dans les recoins des terrasses. Indispensables dans les patios pour donner volume et structure, elles constituent aussi le jardin des balcons, bienvenues là où rien ne serait possible sans elles. Alors chérissons ces potées, des plus sages aux plus encombrantes, des miniatures à celles qui accueillent arbres et arbustes.

Planter des végétaux en pots laisse la liberté d'ajouter des scènes imprévues dans le jardin. Selon l'humeur du jardinier, ces dernières iront de-ci de-là occuper les espaces trop solitaires, réveiller les massifs au printemps ou raviver un massif sur le déclin.

Un jardin de pots, c'est aussi un jardin sans véritable jardin. Pour ceux qui n'ont que quelques mètres carrés à la porte de leur appartement, l'aubaine est de taille ! Mais il est judicieux de mettre en garde ces amateurs de verdure qui pensent cultiver sans se dépenser. L'hiver détruira leur paradis suspendu s'ils n'y prennent garde et oublient d'emmailloter soigneusement pots et plantes en même temps. L'été sera un désert sans pitié, si chaque soir ils n'abreuvent pas sans compter leurs protégées. Et pluie, vent, soleil et ombrage peuvent faire autant de mal que de bien selon la situation du balcon. Aussi prudence est requise. Sur un balcon très venté, seuls quelques arbustes survivront, en étant bien arrimés. Ailleurs, les pots regroupés en décor fourni permettront de pallier de nombreux inconvénients, les plantes résistantes servant de barrière de protection pour les plus fragiles. Dans tous les cas, il est vivement recommandé de soigner la composition, car plus le jardinier s'investira dans un effet recherché, plus les scènes seront jolies à regarder.

Égayer les ombrages

Étroitement mêlés, des hélichrysums et des impatiens rivalisent d'ardeur pour orner ce petit coin de terrasse. Les premiers sont vivaces mais gélifs donc cultivés en annuelles, ce que sont aussi les secondes. Il est donc facile de changer leur disposition chaque année. Les deux acceptent la mi-ombre claire, et leurs coloris vifs appellent les regards. Ils relèvent ainsi le ton brique du pavage et du pilier, qui de ce fait prend lui aussi une valeur décorative.

Hélichrysum (Helichrysum petiolare *'Limelight'*), *impatience* (Impatiens).

Des potées de complément

Devant un massif arbustif, une collection de pots richement garnis ajoute une luxuriance bienvenue pour créer un premier plan. Disposés par ordre de grandeur, ils empiètent même sur la terrasse ou l'allée, pour mieux se faire remarquer. L'intérêt de cette astuce est de pouvoir modifier leur agencement et leur nombre, en fonction des floraisons au fil des saisons.

Eucomis, sedum, agave (Agave americana) *et, derrière, datura (fleurs blanches en trompettes) et sauge à fleurs rouges* (Salvia).

Pièce d'exception

Dans ce décor magnifiquement orné de boiseries, un gros pot d'Anduze ajoute encore au raffinement des lieux. Très travaillée, la scène le met en valeur, mais joue surtout sur la floraison éclatante du laurier-rose qu'il contient. Placé au milieu de deux arches garnies d'annuelles et de lierre, le pot et son arbuste font figure de pièce maîtresse, unique et à préserver.

Lobélie (Lobelia erinus), *impatience blanche* (Impatiens), *laurier-rose* (Nerium oleander), *lierre* (Hedera).

Un panier d'aromates

Aussi joli qu'une potée fleurie, ce panier montre que tous les contenants peuvent contribuer à créer un jardin de pots, pourvu qu'ils soient assez solides et s'accordent au style des lieux. Et ces aromatiques à portée de main le resteront en automne et en hiver quand on transportera le panier à la cuisine.

Basilic (Ocimum basilicum).

LA CULTURE EN POTS

L'inconvénient de la culture en pots réside principalement dans le manque de terre. Celle-ci est vite colonisée par les racines, et l'on a beau rempoter année après année, les plantes sont bien souvent en manque de place et d'éléments nutritifs. Ces derniers seront donc apportés en supplément, par le biais des engrais et, chaque année, d'un compost déposé dans les grands bacs pour les arbustes et les vivaces. Pour ne pas ajouter encore à ces carences, il est également utile de bien choisir le substrat de culture : un simple terreau, même spécifique, ne retiendra pas assez l'humidité. Un jour sans arrosage et il se rétractera en devenant sec et dur. Pensez, dès l'installation de vos plantes, à mélanger de la bonne terre de jardin aux différents terreaux que vous achèterez. Le substrat ainsi réalisé sera meilleur pour vos cultures.

Magie printanière

Que l'on soit sur une terrasse, un balcon ou au jardin près de la porte d'entrée, une telle scène trouve sa place de fin mars à début mai. Réjouissante à souhait, elle utilise des bulbes de diverses nuances de bleu et de pourpre pour donner une unité, relevés par une pointe de blanc et de rose. On peut aussi y ajouter du jaune et du gris, mais on peut surtout se faire plaisir en adoptant tous les bulbes fleuris à cette époque, et recommencer ensuite avec les bulbes d'été. Ce jardin miniature offre autant de joie qu'un parterre en pleine terre !

Pensée (Viola *x* wittrockia), *muscari* (Muscari), *violette cornue* (Viola cornuta), *anémone* (Anemone blanda), *tulipe perroquet* (Tulipa).

Point focal

Lorsque l'on veut attirer le regard, une majestueuse potée débordante de fleurs produit un effet certain. Posée à la croisée des chemins, elle se verra de plusieurs endroits. Ici, elle apporte également une animation colorée sur ce fond végétal un peu trop homogène. Vue d'un autre axe, cette potée fera ressortir la masse volumineuse de la touffe de verveine sur le sol en graviers blancs. Le choix réussi de la silhouette de la plante installée dans cette situation privilégiée dépend donc du talent du jardinier.

Verveine (Verbena).

Simplement éclatant

Pourquoi sont-elles si populaires ? Parce qu'à elles seules, elles suffisent à créer un bouquet spectaculaire ! Dans un pot, les tulipes montrent d'abord un feuillage dense et graphique, très décoratif, puis laissent jaillir les tiges florales qui s'ouvriront à l'unisson. En pleine terre, elles seront aussi bordure, tapis, centre de massif…

Tulipe (Tulipa).

Haute couture

Une telle exubérance se rencontre rarement chez les rosiers plantés en pots. Seul le rosier 'Raubritter' acquiert une ampleur extraordinaire, sans se départir de son abondante floraison. Associez-le à un pot en terre cuite de grande élégance, pour faire honneur à ses roses sensuelles dont la forme en coupe reste ravissante de l'éclosion à la fanaison. Classé dans les couvre-sol, ce rosier s'étale grâce à ses branches très souples, retombe sur les bords d'un pot comme sur un muret. Quelques tiges soutenues en hauteur permettent de façonner sa silhouette comme un drapé généreux.

Rosier 'Raubritter'.

Sculptures et ornements

À l'orée du jardin, une oie attend le visiteur. Perché sur une branche, l'écureuil surveille aussi les alentours tandis qu'émergeant d'un carré de buis, un petit Amour fait un clin d'œil au poisson de la fontaine. Continuez votre chemin. À demi enfoui dans les feuillages luxuriants du pourtour de l'allée, c'est un faune qui invite maintenant à contempler le paysage. La pénombre de la pergola abrite aussi une Hespéride dont la présence rassure en plein jour mais intimide le soir venu.

Qu'ils soient de marbre, de pierre, de bronze ou de plâtre, les ornements sculptés ont certainement une âme. Adoptez des représentations animalières, vous n'aurez plus l'impression de vous promener seul dans le jardin. Si vous préférez une statuaire d'inspiration mythologique ou symbolique, vous vous prendrez à discuter à voix haute sans que personne vous accompagne… et à chuchoter la nuit tombée pour ne pas déranger les hôtes du jardin.

La disposition de ces ornements suit vos envies, mais voici quelques règles pour les mettre en valeur. L'abondance n'est pas ici le signe du bon goût. Peu de sujets mais bien intégrés à leur environnement végétal valent mieux qu'une collection trop importante. La qualité, voire l'humour, de la mise en scène sera le meilleur atout. Jouez avec les animaux pour leur trouver l'emplacement qui vous fera sourire, et n'hésitez pas à en changer au gré de vos humeurs. Disposez les petites statues dans des « clairières végétales », au milieu des vivaces ou sur un piédestal à hauteur des yeux si ce dernier est habillé de plantes. Les plus grandes ont besoin d'être placées sur une ligne de fuite, dans une perspective, ou devant un fond sur lequel elles prennent encore plus de relief. Dans les bassins et fontaines, les jets d'eau sont un complément intéressant pour animer poissons, grenouilles, hérons et naïades.

Dans la confidence

Paraissant arriver d'un passage secret enfoui dans la végétation, une dame de pierre apparaît là où la végétation ne semble pas avoir besoin d'elle pour animer les lieux. La force de la suggestion est très bien utilisée, car si au départ cette statue a été placée au fond d'une scène marquée par quatre buis, le treillage du fond recouvert de lierre et les deux gros arbustes qui l'encadrent ont peu à peu modifié l'impression que l'on retire de l'ensemble.

Boules de buis (Buxus sempervirens), *pommier palissé, tapis de saxifrage* (Saxifraga x urbium), *bouton-d'argent* (Anaphalis triplinervis), *hosta en fleur, rhododendron, oranger du Mexique* (Choisya ternata), *lierre sur treillage, clématite.*

Comme au château

Dans un parc de château, personne ne s'étonne de rencontrer des bustes sculptés sur le pourtour des pelouses. Par contre dans un jardin, ils acquièrent difficilement une légitimité. L'habillage du piédestal est ici primordial, de façon à valoriser le buste tout en minimisant le côté solennel d'une telle statuaire.

Rosa glauca *et clématite autour du buste, en bas hellébore oriental, bergénia et géranium vivace.*

Chevauchée aquatique

Un petit Amour assis sur un dauphin a pris naturellement position en haut de la cascade. C'est son domaine de prédilection, mais il se plaît aussi sur les bords d'un bassin pour perturber le calme apparent du miroir d'eau. Il est important de bien choisir sa taille, en relation avec le bassin ou le parcours d'eau qu'il égaye.

Narcisse 'Thalia', monnaie-du-pape (Lunaria annua), *carex.*

LA MATIÈRE DU DÉCOR

Pierre, terre cuite, ciment, plâtre, fonte, bronze, fer, aluminium..., de nombreuses matières sont disponibles et autant de styles, de formes abstraites ou de représentations figuratives. La mode de la mise en scène de sculptures diverses au sein de l'univers végétal a aussi vu les nains de jardin trouver un regain de faveur. Dans cette gamme très étendue, le choix peut être guidé par la composition du jardin et vous chercherez l'endroit idéal pour y poser l'ornement adopté. Dans ce cas, le choix de la matière devra être en lien direct avec cet écrin pour s'y intégrer parfaitement. On peut aussi acquérir ou créer soi-même une sculpture et lui façonner un écrin végétal à sa mesure. Sa matière comme sa teinte seront à ce moment une parure à valoriser.

Parmi les fleurs

Pas plus haute qu'un elfe, cette fée passe inaperçue si l'on ne scrute le massif à sa recherche. Exubérante, la végétation peut, au plus fort de sa croissance, presque l'engloutir dans un dédale de fleurs et de feuillages. La charmeuse n'en sera que plus mystérieuse et espiègle quand elle réapparaîtra. Faites jouer la succession des périodes de floraison afin de changer la perception que vous aurez de ce style d'ornement au fil des mois.

Tradescantia, hémérocalle (Hemerocallis), *marguerite* (Leucanthemum), *monarde* (Monarda).

Un peu d'humour

Sont-ils vrais comme le cheval de la prairie suivante ? Ces cochons de bois en donnent l'illusion quand on les regarde de loin. Plus on s'approche plus le subterfuge est démasqué, au profit d'un nouveau plaisir : plus besoin d'être intimidé pour courir dans le jardin, ils resteront sagement dans leur coin ! Quand les animaux de chair ne peuvent s'inviter au jardin, l'animation est produite par des reproductions. Autant ne pas se priver, surtout dans un environnement champêtre où les limites du jardin se fondent dans le paysage.

Népéta (Nepeta *'Six Hills Giant'*) *en bordure de clôture.*

Histoire ancienne

Neptune sortant de l'eau aurait été incongru au milieu d'un parterre de fleurs. Mais ici c'est un bébé qui s'amuse dans une mer de buis. Que l'on se réfère ou non à la mythologie, ces statues offrent une facture classique qui s'accorde avec l'élégance des broderies végétales et le style des jardins anciens. Le contraste sera intéressant également dans un jardin contemporain pour humaniser les matières brutes et les trames rectilignes.

Hydrangéa (Hydrangea arborescens), *broderie de buis* (Buxus sempervirens), *origan, alchémille, macleaya* (Macleaya cordata), *cônes de buis, digitale, iris, magnolia et rosier palissé sur le mur.*

Un détournement consenti

Une longue allée sous un berceau arboré peut avoir d'autre fonctions que celle de passage. Celle-ci est simplement décorative, peuplée volontairement de vivaces et bulbes de sous-bois. On n'ose pas s'y engager, d'autant qu'un éphèbe de pierre placé en son centre indique clairement qu'il faut ici admirer sans troubler la composition. Les grandes pièces sculptées ont parfois ce double rôle, d'animer tout en marquant des repères que tout le monde respecte intuitivement.

Euphorbe (Euphorbia characias), *renoncule et puschkinia au centre, sous-bois de noisetiers.*

L'art des couleurs

Au jardin, le vert domine. Sur ce fond quasi permanent, les autres couleurs ont la vie belle, assurées d'être toujours bien mises en valeur. Chaudes, moyennes ou froides, ces couleurs suivent la tendance dictée par la saison. Quand la température commence à monter, les acidulées ouvrent le bal et quand le froid revient, les tons chauds se remarquent davantage. Si le jaune citron sied si bien au printemps, en compagnie du bleu vif et du rose fuchsia, en automne, les ambiances sont plus matures, parées d'or, de bronze, ou de pourpre. Pour réaliser des scènes harmonieuses au fil des saisons, associez les plantes par affinités de teintes et créez de temps à autre un fort contraste. Pour réveiller une composition, ces contrastes de couleur restent les meilleurs atouts. On procède par juxtaposition de grandes taches ou, de façon plus raffinée, par petites touches : une pointe de rouge vif ou de bleu dynamise un massif jaune, un soupçon d'orange est le bienvenu dans une plate-bande violette. Or et cuivre donnent du piquant aux scènes de fleurs roses. Quant au blanc, il a le double rôle d'aviver les massifs ombragés et celui d'adoucir les contrastes ailleurs. Sous un soleil ardent, ce sont les argentés qui modèrent la personnalité des teintes fortes.

Les camaïeux sont simples à réaliser quand on choisit un coloris décliné dans une seule gamme de nuances. Par exemple, du rose tendre au pourpre cramoisi, la palette restera dans le ton qui privilégie le rouge pur sans aller vers des notes orangées. Ce style de composition repose les yeux, même sans aller jusqu'au jardin monochrome qui, lui, sera quelque peu ennuyeux à la longue.

Un contraste tonique

Aussi plaisants à regarder qu'à déguster, les agrumes se plaisent au jardin en été. Profitez de cette aubaine en les installant en complément de vos massifs, bordures ou potées de terrasse. Vous aurez ainsi la possibilité d'agencer de nouvelles scènes dans des tonalités stimulantes. Le kumquat s'allie ici aux lavandes, comme le citron peut s'assortir aux iris bleus et l'orange à la campanule.

Kumquat (Fortunella japonica).

Contrastes

Printemps acidulé

Le temps de la floraison bleue du céanothe, en mai-juin, tous les regards convergeront vers ce point du jardin tant le volume végétal allié au contraste des couleurs produit de l'effet. Ensuite, ce sera au tour de la vipérine, aux hampes géantes bleu tendre, de prendre la relève. Les fleurs anisées de l'euphorbe vont durer encore quelque temps et celles du sedum les accompagneront tout l'été.

Sedum, vipérine (Echium pininana), *euphorbe* (Euphorbia characias), *céanothe en fond* (Ceanothus thyrsiflorus).

Choc des couleurs

Dans certaines régions, le climat ou la nature du sol poussent à privilégier les décors permanents élaborés à partir de conifères et d'arbustes persistants. Pour rendre ces paysages plus attrayants, employez des couleurs qui se choquent, mais avec parcimonie. Jaune anisé et rose fuchsia associés ne peuvent passer inaperçus.

Tapis de bruyères, bruyère d'été en fleur (Daboecia cantabrica), *faux cyprès* (Chamaecyparis lawsoniana).

Nuages de fleurs

La force des couleurs vives peut être atténuée par un fond blanc ou rosé apporté soit par des feuillages, soit par des floraisons. La gypsophile crée un brouillard de minuscules pompons qui, même rosé, tempère bien le rose vif des nombreux corymbes de l'hydrangéa. L'intensité de l'arbuste s'en trouve amoindrie, et ainsi celui-ci ne prend pas une place trop importante dans cette scène.

Gypsophile (Gypsophila paniculata), *hydrangéa* (Hydrangea serrata *'Preziosa'*).

Jeux de formes et de couleurs

Les bulbes permettent de créer de petites scènes impromptues parmi la végétation permanente quand celle-ci n'est pas au mieux de sa forme, au printemps, ou dans les espaces traités en landes fleuries. Prenez des bulbes originaux, dont les couleurs bien affirmées sauront attirer le regard.

Tapis de bruyères et de graminées, ixia (Ixia paniculata).

En rouge et bleu

Le rouge teinté de bleu devient pourpre ; au jardin, on peut lui associer du rouge pur et du bleu. Le rodgersia excelle à cet égard, proposant un feuillage presque violacé et des épis cramoisis.

Gentiane (Gentiana asclepiadea), *rodgersia* (Rodgersia pinnata), *rosier rouge.*

Panachage naturel

Quand le jeu des contrastes se concentre sur une même plante, l'animation se fait d'office. Inutile de chercher plus loin, la scène est magnifique ainsi, car les couleurs associées sur un végétal sont toujours idéales. La difficulté sera de trouver les compagnes pour cette plante, soit uniquement habillées de vert, soit fleuries d'un rouge identique.

Fascicularia (Fascicularia bicolor).

Le choc des complémentaires

Dans le cercle chromatique, vert et rouge sont opposés. Ils n'ont aucun point commun, donc ne semblent pas avoir besoin l'un de l'autre pour exister. Alors pourquoi retrouve-t-on si souvent cette dualité de coloris sur les plantes et dans les décors ? C'est le contraste par excellence, l'association porte-bonheur pour les Chinois qui voient l'union des forces contraires comme un présage de bon augure. Au jardin, l'utilisation des feuillages rouges sur un fond vert est assez originale.

Feuillage de canna (Canna 'Durban').

Camaïeux

Tout en subtilité

Sur un fond vert sombre, il est facile d'installer une fleur qui tranchera. Plus subtile, l'alliance avec un lierre panaché de blanc montre que l'animation peut aussi provenir d'un camaïeu de nuances extrêmes. Celle-ci s'apparente alors à une forme de contraste, bien que le vert en soit encore la base. Si la scène reste peu étendue, sur un muret par exemple, elle sera remarquée à sa juste valeur.

Lierre panaché (Hedera helix *'Glacier'*), *cotonéaster en fond.*

Teintes jumelles

Trouver exactement la même tonalité dans des floraisons différentes donne envie d'en user en divers endroits, que ce soit en potée ou au pied des haies, en massif ou en bordure, sous les arbres comme au pied des façades. Au fil des saisons, changez les couleurs pour renouveler l'intérêt de la scène.

Muflier (Antirrhinum *'Rocket Rose'*), *cléome* (Cleome *'Cherry Queen'*).

En demi-ton

Le vert oscille entre les couleurs froides et les teintes chaudes selon qu'il s'approche du jaune ou contient beaucoup de bleu. Fleurs jaunes et feuillages bleutés, ou l'inverse, fleurs bleues et feuilles dorées, sont ainsi parfaitement en accord puisqu'elles se retrouvent dans le vert initial.

Muflier (Antirrhinum) *autour d'un genévrier* (Juniperus communis *'Hibernica'*), *physocarpus et robinier* (Robinia pseudoacacia *'Frisia'*) *en arrière-plan.*

Couleurs complices

Un massif monochrome aux nuances proches, voire similaires, peut se permettre quelques intrusions d'autres couleurs, l'unité de la scène n'en sera pas affectée. Des pointes de rose, de blanc et de jaune mettent encore plus en valeur la teinte bleu violacé de cette association d'ail, de delphiniums et de campanules. Ces teintes complices restent douces, là réside toute l'intelligence de l'association.

Alchémille devant (Alchemilla mollis), *campanule* (Campanula glomerata), *ciboulette* (Allium schoenoprasum) *et ail d'ornement* (Allium christophii), *rosier dans les feuillages d'aster, delphiniums blancs et violets en fond* (Delphinium).

Rose tendance

Ce rose tirant sur le violet a de sérieux atouts dans les compositions, car il se mêle très bien au rose tendre, à la violine, puis au bleu des massifs voisins. Par contre, il jurera près d'un rose saumoné ou d'un rouge magenta. La beauté de la scène est due à l'association des fleurs d'ail, du même coloris que les cistes, mais plus foncées, et qui portent cette couleur tels des flambeaux au-dessus du massif.

Ail d'ornement (Allium hollandicum), *buisson de cistes* (Cistus).

Multicolore

TESTS ET ESSAIS

Créer un massif ou des bordures multicolores est sans doute le plus difficile, tant par le choix des couleurs que par l'association des plantes diverses. Commencez par les différents coloris d'une même espèce, comme les pois de senteur et les cosmos dans les annuelles, les géraniums vivaces, sauges ou campanules dans les vivaces, les glaïeuls et freesias parmi les bulbes. Quand vous aurez bien maîtrisé ces mélanges, passez aux mariages entre plusieurs espèces. Les annuelles se prêtent mieux à cet exercice, car vous pourrez améliorer la composition chaque année. Avec des vivaces et des arbustes, prenez le temps d'observer les couleurs sur catalogues – ou, mieux, dans les pépinières – avant de vous décider.

Mélanges appropriés

Dans un massif d'annuelles, il est difficile de se rendre compte à l'avance de l'ampleur prise par telle ou telle espèce si l'on n'a pas semé en groupes bien distincts en laissant un peu d'espace entre eux. Une fois la végétation épanouie, on note alors les associations qui plaisent le plus pour les recommencer l'année d'après. Et si le massif est trop chargé, il faudra aussi se contenter de moins d'espèces. Le blanc est un modérateur, pensez-y si vous avez trop forcé sur les couleurs vives.

Verveine au premier plan (Verbena), *muflier* (Antirrhinum), *cosmos blanc* (Cosmos bipinnatus), *rosier 'Milrose' et agapanthe en fond* (Agapanthus).

Prairies fleuries

Sur les talus et dans les prairies jardinées, le semis à la volée donne des résultats étonnants quand on suit son humeur ou son intuition. C'est le meilleur moyen d'obtenir un effet qui paraîtra naturel. Choisissez tout de même des annuelles qui ont à peu près toutes la même hauteur, et semez en vagues successives tous les 15 jours pour étaler les floraisons.

Mélange de zinnia, cosmos, marguerite, amarante.

La passion du blanc ⟶

L'engouement pour les jardins monochromes est un peu passé, car les jardins entièrement blancs ou bleus, les plus cotés, finissent par lasser. Mais un tableau de ce style est toujours apprécié s'il dure juste le temps d'une saison. Ici, tulipes blanches, ibéris et pensées ne dureront que le temps du printemps.

Oreille-d'ours (Stachys byzantina), *ibéris* (Iberis sempervirens), *pensée* (Viola), *tulipe* (Tulipa), *pivoine en bouton en arrière-plan.*

Rêver à sa fenêtre

La vue sur un beau paysage réconforte et entraîne l'esprit à un laisser-aller salutaire. Quand le paysage se restreint aux limites du jardin, on a toute liberté pour influencer cette vue et les axes qu'elle suit. À chaque fenêtre la vision d'un nouveau tableau se crée et diffère de celle d'à côté même dans un proche périmètre. L'aménagement de ce tableau commence par un simple travail : regarder à sa fenêtre, et choisir ce que l'on souhaite contempler au-delà du cadre.

Les plus proches décors comprennent les grimpantes à palisser sur la façade, les annuelles à cultiver sur les rebords des fenêtres et les massifs à organiser dessous. Préférez dans ces situations des plantes peu envahissantes. La vigne vierge est à réserver aux endroits où il n'y a que peu d'ouvertures car elle ne se gêne pas pour obstruer ces dernières dès que, par manque d'entretien, l'occasion lui en est donnée. La glycine, le jasmin, les rosiers, la passiflore sous les climats doux, se tiennent mieux. Mais il faudra de toute évidence tailler et retailler chaque année et puis palisser. Les floraisons n'en seront que plus belles et les rameaux se maintiendront dans l'espace qui leur est imparti. En massif, utilisez sans modération les arbustes persistants contenus en formes régulières, les vivaces très denses et touffues, comme les hémérocalles, dont les couleurs s'accorderont avec celle du crépi.

Les axes de vue de second plan et les plus lointains sont à établir selon le tracé des allées et selon les scènes que l'on souhaite avoir en point de mire. Le choix des couleurs, proches ou lointaines, des ornements décoratifs, des végétaux à valoriser, des perspectives à privilégier viendra ensuite. Ce travail est un peu plus délicat, mais s'améliore saison après saison quand on observe ce que la nature apporte ou enlève.

Ton sur ton

La couleur rouge frais du rosier 'American Pillar' relève le ton de la brique et son cœur blanc se marie aussi avec le cadre de la fenêtre. L'association est réussie, au prix d'un palissage régulier et solide car ce rosier liane offre une belle vigueur et une abondante floraison de fin de printemps.

Rosier 'American Pillar', boule de buis (Buxus sempervirens).

Des potées d'été

Qu'ils soient en pots ou en pleine terre, les massifs fleuris établis au pied des fenêtres font toujours grand effet. Deux fuchsias semblent se pencher pour saluer un aéonium, succulente originale dont la teinte sombre est presque noire sous le soleil. Tout ce petit monde sera rentré en hiver, juste de l'autre côté des carreaux.

Aéonium (Aeonium arboreum *'Atropurpureum'*), *fuchsia* (Fuchsia *'Thalia'*).

Fleurs d'ombre

À mi-ombre ou sur une façade mal exposée, peu de grimpantes proposent des fleurs. Celles de l'hortensia grimpant s'épanouissent en été en larges panicules crème dont la beauté fait un peu oublier la croissance anarchique des rameaux. Une taille annuelle des branches mal placées suffit, et l'on se passe de palissage car la plante est pourvue de crampons.

Hortensia grimpant (Hydrangea petiolaris).

Hauteur et chaleur

Ce solanum au feuillage semi-persistant possède de longs rameaux volubiles qui se palissent facilement. Sa vigueur lui fait dépasser dix mètres de hauteur, ce qui convient très bien à l'agrément d'une façade sur deux étages, située sous un climat chaud. La plante n'aime pas le froid, ni les courants d'air.

Solanum (Solanum crispum *'Glasnevin'*).

Scène choisie

Le choix entre une floraison printanière ou estivale est difficile à faire, à moins de mêler deux grimpantes sur un même support. Ce qui parfois est impossible faute de place ou quand l'association rend la scène trop désordonnée. La glycine, merveilleuse en avril avec ses grappes odorantes, conserve un feuillage bien fourni ensuite. Cela réussit bien aux façades dont le crépi est teinté. Dans cette ambiance où les volets bleus contrastent avec l'ocre du mur, une palette de feuillages variés fait mieux remarquer le petit amour de pierre qui donne la sérénade.

Pittosporum (Pittosporum tobira *'Nana'*), *santoline* (Santolina chamaecyparissus), *myrte* (Myrtus communis), *glycine* (Wisteria sinensis), *sauge* (Salvia leucantha), *camélia* (Camellia sasanqua).

Haltes et convivialité

Un banc, un simple banc placé au détour d'une allée change tout. Quand il disparaît sous les mousses, il raconte une histoire. Paré d'un dossier, il invite cordialement à se reposer. Et selon l'endroit exact où il a été posé, il dirige aussi les opérations : la vue permise ici, quand on y est assis, est totalement différente de celle que l'on retrouve une fois remis sur ses deux pieds. C'est un avantage dont le jardinier ne peut se priver. Par les haltes qu'il organisera sur le parcours, il modulera le paysage en multipliant les effets selon la hauteur des axes de vue. L'astuce est utilisée depuis la Renaissance où, sur des banquettes herbeuses, gentes dames et damoiseaux se donnaient rendez-vous. Sculpté dans la pierre puis ouvragé dans du bois, le banc a ensuite bien vite conquis ses lettres de noblesse au jardin.

Ce banc placé au bout d'une allée en sera le point final, prêt à accueillir quiconque s'aventurera jusque-là. Situé sur le pourtour d'une pelouse, il rythme l'espace. Mais pour peu que la pelouse soit carrée et bordée d'une haie, on aura l'impression d'entrer dans un musée !

Agrémenté d'un arceau couvert de roses et encadré de potées fleuries, le banc reprendra un style romantique et avenant. Quand il se transforme en siège individuel, les perspectives conviviales s'élargissent encore car on peut lui adjoindre une table, et tout autre mobilier complémentaire : chaises et fauteuils participent aujourd'hui entièrement à la vie du jardin. Et d'état de sièges ils passent à celui de pièces décoratives dont la valeur ne cesse d'augmenter. À moins que l'attrait de la végétation alentour ne tempère les choses et donne à nouveau la mesure adéquate.

Intimité dévoilée

Pour qu'une terrasse fasse corps avec le jardin, elle doit laisser intervenir la végétation dans son espace réservé. L'imbrication des plantes dans l'architecture du lieu rend ce dernier complice. La terrasse n'est plus un endroit de passage, elle vit au rythme des saisons et l'on s'y rend à tout moment pour profiter du jardin confortablement.

Viorne (Viburnum davidii), *bambou, rhododendron, lis en pots, boules de buis.*

Un style affirmé

Les sièges ont une fonction précise, celle d'offrir un endroit où s'asseoir. Ce qui ne les empêche nullement d'être aussi utilisés en tant qu'objets décoratifs surtout quand ils affirment leur style de façon provocante. Les peindre en rouge vif et jouer de leur complémentarité avec le vert des feuillages et de la pelouse est un choix que l'on peut se permettre.

Un aboutissement convenu

En fond d'allée, le banc acquiert une réelle importance. Il clôt la trajectoire et son aspect doit rester en rapport étroit avec le caractère de l'agencement. La forme courbe de celui-ci englobe avec justesse la largeur de l'allée, afin de finir la visite en beauté, et sa grande taille peut accueillir plusieurs personnes qui ainsi peuvent converser en se faisant face.

Bordure de lavande (Lavandula), *cornouiller kousa* (Cornus kousa), *haie d'ifs* (Taxus baccata).

Pose au vert

Que l'allée soit dallée ou couverte de gazon, l'effet produit par un joli banc en fond de perspective est toujours le bienvenu. Ici, on le distingue à peine car l'allée se resserre jusqu'à en masquer la moitié. Mais la teinte des coussins indique clairement que l'on est attendu pour une pose conviviale au bout de la promenade.

Mixed-borders arbustifs dominés par un Cornus controversa *au feuillage marginé de blanc.*

Fauteuil de maître

Sous les feuilles géantes des gunnéras, l'ombre est propice à l'installation d'un coin repos pour parcourir un bon livre et se délasser. Quand on n'y est pas assis, la scène garde un charme discret, celui d'un accueil réservé au maître des lieux.

Hosta (Hosta), *gunnéra* (Gunnera manicata).

Sous les ombrages

L'ombre portée des haies, des murs de clôture, des habitations et bâtiments de toute sorte, peut donner la mesure du talent du jardinier : les possibilités d'aménagement sont réduites car il faut chercher véritablement les espèces qui résisteront à cette situation. Mais une fois recensées, ces plantes se montrent aussi intéressantes que celles de plein soleil, voire davantage puisqu'elles n'hésitent pas à grossir leur feuillage et fleurir de façon voyante pour mieux se faire remarquer. On peut ainsi métamorphoser les coins ombragés en scènes brillantes qui retiendront l'attention. Les feuillages déployés donnent même des idées de compositions exotiques, de tableaux graphiques ou de décors fantastiques.

Parfois, le houppier dense d'un arbre produit aussi une ombre tournante dont il faut tenir compte dans l'aménagement des massifs. Le choix se portera alors sur des espèces qui se satisfont de peu de soleil chaque jour. Ce sont celles qui poussent en lisière des bosquets, en sous-bois de feuillus clairsemés. De nombreux géraniums vivaces entrent dans cette catégorie, ainsi que les alchémilles et les heuchères.

Frais en été, les endroits ombragés conservent bien l'humidité du sol, ce qui sied entre autres aux hostas, myosotis du Caucase, astilbes, rodgersias, ligulaires et gunnéras. Ils doivent aussi avoir un sol bien drainé qui ne s'engorge pas en hiver. À cette période, rien ne les réchauffe et les plantes vivaces comme les arbustes doivent tenir dans cette ambiance froide et sombre jusqu'au printemps suivant. Quand ces dernières sont bien adaptées à l'ombrage comme au type de sol, elles passent l'hiver sans encombre pourvu que l'humidité n'asphyxie pas leurs racines.

Alliance inhabituelle

Sous les conifères, l'ombre reste dense et le sol plutôt acide. La pelouse ne tient pas bien longtemps et peu de plantes résistent à cette situation, sauf quelques persistants irréductibles comme le lierre. Ce géranium vivace, persistant lui aussi et couvre-sol, est si vigoureux qu'être surplombé par un cèdre ne le gêne aucunement. Et il fleurit deux mois durant sur une végétation très touffue, même à l'ombre de ce géant.

Géranium vivace (Geranium *x* cantabrigiense), *cèdre bleu de l'Atlas* (Cedrus atlantica).

En lisière

Un massif en lisière d'un bosquet arboré est délicat à composer. En plus de l'ombre apportée par la haute stature des arbres, celle des branches qui retombent masque aussi la lumière à différentes heures de la journée. Heuchères et hostas se plaisent là en compagnie des fougères, offrant à moindres frais une belle scène par l'alliance de leurs feuillages. Les deux ou trois premières années, un désherbage sera utile entre les pieds, puis les touffes couvriront intégralement le sol.

Heuchère pourpre (Heuchera), *hostas de diverses espèces.*

Tapis de bordure

Sur les sols déjà colonisés par les racines des bambous, le lierre a toutes ses chances car il s'implante partout sans beaucoup d'exigences. Traité en tapis, il couvre le moindre espace laissé libre, qu'il soit à l'ombre ou au soleil. Il montera naturellement à 20 cm de haut et restera homogène sur toute la superficie.

Tapis de lierre (Hedera colchica), *bambou* (Arundinaria nitida).

En terrasse

Selon l'exposition de la maison, la terrasse peut se trouver en grande partie dans son ombre portée, et les arbres voisins ne permettent la percée des rayons que par intermittence quand le soleil tourne. L'animation se fait alors avec des vivaces d'ombre, comme la ligulaire au large feuillage superbement découpé et aux longues hampes florales jaunes. Rassemblez les plantes là où la lumière est la plus vive. Une scène de pots placés à plusieurs hauteurs sur une étagère de jardin constitue une solution originale.

Ligulaire (Ligularia przewalskii), *lobélie* (Lobelia erinus), *asparagus* (Asparagus densiflorus), *hosta*.

LES PLANTES D'OMBRE

Entre l'ombre dense et la mi-ombre claire, tous les cas de figure se présentent au jardin et dans les patios. L'intensité de cet ombrage est difficile à apprécier, aussi n'hésitez pas à changer de place les espèces plantées si elles restent chétives et n'arrivent pas à se développer au bout d'une année. Parmi les plantes qui acceptent l'ombre, il est souvent nécessaire d'en tester plusieurs pour trouver celles qui conviennent idéalement à la situation.

Le bleu des sous-bois

Jacinthes, géraniums, violettes et myosotis du Caucase se relaient dans tous les tons de bleu et se partagent les effets de ce coloris, souvent beaucoup plus intense sous les ombrages. Le myosotis du Caucase, en particulier, fleurit au printemps en petites fleurs légères, d'un bleu vif capable de dynamiser tout le massif. Il possède aussi de larges feuilles arrondies, et fait preuve d'une robustesse à toute épreuve, même à exposition froide et dans une terre calcaire.

Myosotis du Caucase (Brunnera macrophylla), *violette cornue* (Viola cornuta), *graminée.*

Zoom avant

Quand la richesse d'une association éclipse la composition générale, le regard ne peut que se tourner vers elle chaque fois que l'on passe à proximité. Les feuilles marginées de crème de la consoude suffiraient ici au décor, mais la coloration rouge des fruits de l'arum concentre soudain l'attention. Encore verts, ces derniers restent discrets, puis ils rougissent en milieu d'été sur leurs hampes dressées, pointant à travers d'autres feuillages car le leur a déjà disparu.

Consoude (Symphytum *x* uplandicum *'Axminster Gold'*), *arum* (Arum maculatum).

Des feuillages d'apparat →

Le genre *Hosta* comprend tant de magnifiques variétés qu'il est souvent bien difficile de choisir entre celles-ci. Les ombrages denses s'éclairent grâce aux feuillages bicolores, vert et jaune ou blanc et vert tendre. Les tons bleutés de certaines espèces irradient près des floraisons roses ou pourpres et font ressortir les jaunes. Et les verts clairs égayent les tapis végétaux en sous-bois. Tous sont robustes, prenant de l'ampleur d'année en année. Ils sont aussi couvre-sol et particulièrement bien mis en valeur en pots.

Alchémille (Alchemilla mollis), *hostas* (Hosta plantaginea *en premier plan*,
Hosta sieboldiana *'Elegans' derrière*), *digitale* (Digitalis purpurea).

Au fil de l'eau

Source originelle de la vie, l'eau a sa raison d'être au jardin plus que tout autre élément. Elle y prend maintes formes, de la goutte de rosée préservée sur une feuille d'alchémille, au canal dérivé d'une rivière proche. Cascades et ruisseaux, qu'ils soient naturels ou artificiels, donnent une impulsion reprise par les fontaines et jets d'eau dans les bassins. De toutes tailles, ces derniers auront la profondeur requise pour accueillir des poissons, c'est-à-dire au minimum 50 cm afin qu'ils puissent s'éloigner de la surface gelée en hiver. Pour la plantation des aquatiques, différentes profondeurs sont possibles selon les espèces choisies.

L'eau en mouvement est joyeuse et la plus claire. Son murmure vaut bien des mélodies. Sur son chemin, elle engendre une multitude de petites scènes qui changent selon les saisons, plus rapidement que dans le reste du jardin. Aménagez un parcours d'eau, de nombreuses plantes vont apparaître et y prospérer. Si vous tarissez la source, elles disparaîtront aussitôt. L'eau attire aussi les oiseaux, heureux de trouver là matière à s'éclabousser et de quoi se reposer au frais. Ils viendront de tous les environs vous rendre visite, chacun leur tour, une espèce après l'autre. Même si vous n'avez pas beaucoup de place, un simple bain d'oiseau à l'eau toujours renouvelée transformera un petit coin de verdure en une scène vivifiante.

L'eau stagnante devient une mare, s'envase au fur et à mesure des apports de poussière, terre et débris végétaux qui affluent lors des intempéries. Cette mare se régénère avec la pluie, aidez-la à s'oxygéner avec votre tuyau d'arrosage quand il ne pleut pas. La faune naturelle, ou celle que vous aurez introduite dans ce milieu particulier, n'aura ainsi pas à souffrir de la sécheresse.

Végétation spontanée

Adossée à un vieux mur ombragé, toute fontaine trouve sa place. Car l'endroit déjà frais a ainsi sa propre animation en accord avec la spécificité de l'environnement. Une fontaine de pierre servira de support aux fougères et mousses diverses qui s'y installeront spontanément.

Fougère (Polystichum).

Un brin de mystère

Envahie par les plantes de plus en plus fournies, la vasque va finir par disparaître et l'on décèlera ensuite la présence de l'eau intuitivement, par la reconnaissance des plantes de milieux frais et le bruit du jet qui retombe dans la vasque. La scène gagnera ainsi en mystère, à la façon des jardins de contes de fées même si le lion cracheur reste un repère dans son alcôve, elle aussi prise d'assaut par les grimpantes.

Iris (Iris ensata), *pontédérie* (Pontederia cordata) *dans le bassin, ficus rampant* (Ficus pumila, *syn.* F. repens) *et decumaria* (Decumaria barbara) *sur le mur.*

Fraîcheur volcanique

Toutes les idées sont bonnes pour créer une cascade. Au milieu d'un bassin très peu profond, ce minivolcan laisse s'épancher l'eau de son cratère. Cette dernière éclabousse sciemment la végétation périphérique afin d'accentuer la fraîcheur nécessaire à ce type de plantes sous une chaleur estivale très forte. En hiver, l'eau gelée formera aussi une sculpture éphémère.

Iris des marais (Iris pseudacorus), *hydrangéa en fond* (Hydrangea arborescens) *avec fougères.*

Une question de style

Une fontaine fonctionnant en circuit fermé se suffit à elle-même au sein du jardin pour aménager un point d'eau, comme une oasis au milieu de la végétation. Une rivière de galets et des érables japonais donnent ici une orientation asiatique générale. Pour un style plus tropical, utilisez des feuillages larges comme ceux des pétasites et des hostas.

Primevère (Primula), *hosta* (Hosta), *érable japonais* (Acer palmatum), *eremurus*, *érable japonais pourpre* (Acer palmatum *f.* atropurpureum).

Prendre son temps

L'alliance de la brique, de la verdure et de l'eau très joliment organisée dans cette scène ne s'est pas construite en un jour.
Quand on souhaite arriver à une telle maîtrise de la composition, la partie aquatique doit être intégrée au plan du jardin dès le départ. Une fois le bassin construit, les plantations viennent peupler les abords et se développent au fur et à mesure.
Évitez de trop ombrager le bassin avec le feuillage des arbustes.

Tulipe (Tulipa), *hosta* (Hosta), *ibéris* (Iberis sempervirens), *pivoine* (Paeonia), *groseillier à fleurs* (Ribes sanguineum), *phalaris* (Phalaris arundinacea *var.* picta), *acanthe* (Acanthus mollis), *bambou* (Phyllostachys), *lierre en fond* (Hedera helix).

Intuition guidée

On se doute que l'élément liquide n'est pas loin, mais l'eau se cache ici sous la verdure et les pierres. Les lentilles d'eau créent un tapis flottant qu'il est tentant de toucher pour appréhender sa texture et sa réelle cohésion. Est-ce un ruisseau, un fossé mal drainé, une mare naturelle ou un bassin de jardin au style sauvage ? La sagittaire officie en tant que plante d'ornement mais les fleurs spontanées peuvent déjouer le raisonnement.

Sagittaire (Sagittaria sagittifolia), *lentille d'eau, fougère.*

Feuilles volantes

Un saule pleureur procure de l'ombre au bassin où se réfugient les poissons. Sa proximité apporte une touche romantique à la scène, mais en automne les feuilles mortes tomberont aussi dans le bassin, et il faudra rapidement les en retirer pour éviter leur décomposition et l'envasement du fond. Les saules aimant les terrains humides s'harmonisent très bien avec un environnement aquatique. Il est plus judicieux des les placer le long d'un parcours d'eau, pour que les feuilles soient entraînées au fur et à mesure.

Saule pleureur (Salix babylonica *'Pendula'*), *nénuphar* (Nymphea).

Une organisation rigoureuse

Aménager un grand bassin comme la pièce maîtresse du jardin demande de traiter ses abords avec un soin particulier. Conçu à proximité de la maison, ce bassin s'ornera d'une terrasse ou d'une grande margelle sur le pourtour afin d'y disposer fauteuils, transats et table basse. L'agencement intérieur du bassin sera également réalisé minutieusement, de façon à créer un décor d'ensemble.

Nénuphar (Nymphea), *massette* (Typha).

Un doux bruit

Le clapotis des gouttes d'eau sur la surface d'un bassin ressemble au bruit d'une pluie fine. En plein été, la chaleur se fait moins ardente grâce à cette animation. Outre cette fonction, un jet d'eau permet une bonne oxygénation du bassin.

Sagittaire, iris, lentille d'eau.

Des plantes bien choisies

Les berges des cours d'eau et des étangs restent souvent champêtres, davantage la proie des graminées sauvages que le cadre privilégié d'espèces horticoles.
Avec quelques-unes de ces dernières, on peut malgré tout aménager certains côtés des berges dans la digne continuité du jardin.

Alchémille (Alchemilla mollis), *poirier à feuilles de saule* (Pyrus salicifolia *'Pendula'*).

Un bassin bien fleuri →

Idéalement adaptés aux bassins de toutes tailles, les iris d'eau se distinguent par leur longue floraison et leur vigueur. L'iris ensata aime rester sous la surface en été, et les pieds plus au sec en hiver. Son compère l'iris des marais peut rester toute l'année immergé.

Bambou nain en bordure, nénuphar (Nymphea), *iris des marais* (Iris pseudacorus), *iris* (Iris ensata), *lonicéra* (Lonicera nitida) *en haie.*

Ambiance minérale

Sous certains climats, les plantes sont abreuvées de soleil plutôt que d'eau. Elles développent alors d'étonnantes capacités qui vont de la rétention de l'eau dans leurs tissus à la réduction de leur feuillage pour éviter toute transpiration. Quand on adopte ces espèces, l'aménagement de leur lieu de vie est déterminé par leurs conditions spécifiques de culture. Un sol poreux qui ne retient pas l'humidité, surtout en hiver, en est la première condition. Ensuite, il faut veiller à effectuer la plantation en des lieux abrités toujours très ensoleillés. La pierre intervient alors, comme un accumulateur de chaleur qu'elle retransmet ensuite la nuit venue.

Mais les atmosphères minérales ne sont pas l'apanage exclusif des jardins de désert. Dans la rocaille et les vieux murs, de nombreuses espèces peu exigeantes se satisfont des ondées et de petites poches de terre pour subsister. Toutes les régions ont leurs traditionnels murs de pierres sèches embellis de plantes sauvages ou cultivées.

La rocaille est aménagée avec quelques gros rochers répartis en niveaux. Quand ils sont plats, ils prennent l'allure de marches taillées dans le roc. Sous forme d'éboulis, ils ressemblent aux moraines glaciaires colonisées par les plantes alpines. Un bon drainage évitera l'asphyxie des racines et d'éventuels glissements de terrains.

Le style épuré des jardins japonais fait aussi appel à la matière minérale, qu'elle soit constituée d'un aplat de graviers, de rivière de galets ou de rochers savamment disposés. Cependant la sécheresse n'est pas de mise dans ces ambiances, même si l'on parle de « jardin sec ». La majorité des plantes employées demande un arrosage régulier et une atmosphère humide, comme celles des montagnes du pays du Soleil Levant.

Fort caractère

Les murets de pierres sèches constituent de magnifiques supports pour les plantes frugales. D'ailleurs, leurs graines s'y installent souvent seules, portées par le vent, et la nature pourvoit à leur développement. Pour contrôler un tant soit peu cet agrément, choisissez des interstices placés en partie haute, comblez-les avec un peu de terre dans laquelle vous sèmerez des annuelles, ou plantez-y des vivaces achetées en godets. Quelques arrosages feront le reste.

Trachelium caeruleum.

UN JARDIN SUR GRAVIERS

Pour la majorité des plantes craignant l'humidité du sol, le jardin de graviers offre une bonne alternative. Le principe est simple : au lieu de pailler le sol après la plantation avec un mulch ou des écorces, on plante directement dans une couche de graviers fins, de 5 à 10 cm d'épaisseur, étalés sur la terre du massif. Ces graviers vont peu à peu s'enfoncer dans le sol, il suffira d'en ajouter une fine couche chaque année. Le feuillage et surtout le collet des espèces fragiles restent ainsi au sec dans les graviers qui empêchent toute humidité stagnante.

Zen attitude

La pierre sous toutes ses formes prend une place prépondérante dans les jardins de style japonais. Elle donne la réplique à quelques végétaux taillés pour représenter symboliquement un paysage naturel au jardin. De façon plus générale, quand on souhaite une ambiance sobre, la mise en scène d'un bambou nain entouré d'une rivière de galets donne le ton. À vous d'y ajouter dalles, gravillons ou mer de sable ratissé…, puis azalées, érable et anémones.

Bambou nain (Arundinaria pumila).

Le piquant du désert

Dans un jardin sur graviers, une collection de cactées a tout à fait sa place. À condition que le temps soit assez chaud pour assurer leur croissance. Un jardin dans le Midi est idéal pour ce type de scène. Le cactus raquette, comme toutes les cactées, pourrit facilement au contact d'un sol humide. Les graviers gardent les raquettes au sec, surtout quand l'espèce s'étale au sol.

Cactus raquette (Opuntia phaeacantha).

Une touche exotique

Selon les régions et les matériaux disponibles, le minéral se trouve sous diverses apparences. Un sol couvert de fines plaquettes de pierre traduit une ambiance désertique plus sauvage, comme en Australie où l'on rencontre ces magnifiques yuccas et cactus.

Yucca (Yucca rostrata), *cactus raquette* (Opuntia).

À la française

La terre cuite pilée comme d'autres matériaux colorés de granulométrie fine ont servi de fond aux parterres de broderies depuis le XVIIe siècle. Ce matériau assure un décor tant que les plants de buis sont jeunes et clairsemés puis met en valeur leurs belles volutes.

Broderies de buis (Buxus microphylla *'Faulkner'*).

Formes graphiques

Là où la géométrie structure les formes du paysage et guide toute conception de massif, le graphisme devient un art à la portée de chacun. Les jardins classiques sont bien sûr conçus dans cette optique, ainsi que les anciens jardins de cloître et ce que l'on appelle encore aujourd'hui les « jardins de curé ». Car point n'est besoin d'avoir une vaste superficie pour classer en carrés, en cercles ou en rangs les plantations. Un peu abandonné à l'époque des parcs à l'anglaise, le graphisme des motifs et des volumes connaît un renouveau d'intérêt sous l'influence du style épuré, dérivé soit du minimalisme asiatique soit de l'architecture contemporaine. Et cela permet souvent d'aménager de petites scènes car l'attrait de ces graphismes divers est perceptible à toutes les échelles : le coin d'un massif tracé à l'équerre, les jeux d'ombres projetés par les chaumes des bambous sur le sol, les allées bordées de pots, les pavés de la terrasse, l'alignement des plantes de bordure, la succession de vagues végétales d'une haie taillée en courbe... Tout est prétexte, tout peut servir. Un plan établi à l'avance est parfois bien utile pour organiser ces formes, mais on peut aussi les disposer au jugé et parfois elles apparaissent sans qu'elles aient été prévues.

Le graphisme est possible en plan comme en volume, et c'est l'ordonnance rigoureuse des formes, qu'elles soient carrées, rondes, rectilignes ou sinueuses qui engendre motifs et impressions visuelles. Le potager reste bien sûr le terrain de prédilection des graphismes en tous genres : rangs de légumes, enfilades de pots, tuteurs alignés s'en donnent à cœur joie pour rythmer l'espace autant dans les horizontales que dans les verticales.

Broderie verticale

Imaginer la forme et le volume d'une haie adulte est un exercice difficile. Pour mieux se représenter l'effet attendu, dessinez un croquis et allez juger sur place, croquis en main, de l'opportunité de la scène que vous voulez réaliser. Ici, la floraison rouge des persicaires enrichit la composition, mais, même sans ce massif, les courbes de la haie auraient suffi au décor.

Persicaire (Persicaria amplexicaulis *'Fire Dance'*), *hydrangéa, haie d'ifs* (Taxus baccata).

Séduction potagère

La structure d'un potager est idéale pour faire ressortir le jeu des lignes, principalement sur un plan horizontal. Quand on agrémente ce potager avec des bordures ornementales, les carrés légumiers peuvent aussi accueillir des fleurs et se distribuer par affinité de couleurs plutôt que par convenances culturales.

Bordures de buis (Buxus sempervirens), *spirée* (Spiræa japonica *'Goldflame'*), *lavande* (Lavandula), *cônes d'if* (Taxus baccata), *arches de tilleul* (Tilia cordata), *haricots verts en premier plan* (Phaseolus).

Constructions géométriques

Les jardins divisés en plusieurs parties distinctes séparées par des murs, des murets ou des haies permettent d'inventer des configurations géométriques. Aux banquettes végétales taillées et aux murs tapissés de grimpantes, ajoutez quelques arrondis avec des cyprès colonnaires pour trancher sur ces aplats de verdure.

Banquette de myrte (Myrtus communis), *buis en pot* (Buxus sempervirens), *mur de ficus rampant* (Ficus pumila), *glycine sur pergola* (Wisteria floribunda).

Découpages verts

Certaines plantes très malléables deviennent une matière que l'on peut modeler dans l'espace, découper en motifs divers ou tapisser comme une moquette sur tous les supports possibles. L'helxine, qui ressemble à une mousse, le ficus rampant et le muehlenbeckia sont parmi les plus faciles à guider. Ces plantes supportent difficilement le froid, exposez-les au soleil dans un endroit abrité.

Muehlenbeckia (Muehlenbeckia complexa).

Lignes de couleur

La succession des rangs de légumes bien droits peut aussi s'apprécier en vue transversale. Le rythme des alternances de couleur sera alors le principal repère. Choisissez des déclinaisons de coloris dans la même gamme afin d'éviter trop de contrastes sur une même zone.

De bas en haut : lavande (Lavandula), *chou cavalier frisé* (Brassica oleracea), *poirée* (Beta vulgaris), *lavande, mahonia* (Mahonia), *fruitiers palissés.*

Rappel à l'ordre

Un des plaisirs esthétiques du verger est la belle symétrie des fruitiers palissés. En palmette ou en cordon, les branches sont conduites de façon si régulière sur leur support qu'elles paraissent naturellement enclines à tracer des lignes. Ces pommiers et poiriers palissés entrent facilement dans le jardin d'ornement, en bordure de pelouse, pour limiter l'espace et encadrer les allées.

Poiriers palissés (Pyrus communis).

Le bois comme support

Tout aussi régulière, cette culture de tomates privilégie l'aspect des tuteurs de bois brut en attendant que la végétation se développe. Cette verticalité ordonnée va de pair avec le carré formé par les traverses de chemins de fer ici employées comme bordures. Les tuteurs soutiendront les grappes de fruits sans défaillir, et resteront en place toute la saison.

Tomates (Lycopersicon esculentum), *bordure de zinnias, boules de santoline* (Santolina chamaecyparissus).

Jeux de taille et de volume

La maîtrise de l'ordre au jardin convient à la nature humaine, qui préfère garder le contrôle de la situation plutôt que se laisser envahir par la végétation ! Cette dernière est très malléable, quand il s'agit d'arbustes et de plantes vivaces. L'art de la taille s'exerce alors sur ce matériau vivant, qui par ses repousses successives reste sans cesse une sculpture inachevée, mais permet aussi de rattraper quelques malencontreuses coupes.

Ces jeux de formes s'adressent en tout premier aux amateurs de jardins classiques, aux adeptes du style à la française, aux amoureux des terrasses à l'italienne. Dans les longues bordures droites et les haies bien lisses, aucune pousse ne sort du rang. Deux tailles par an au minimum sont nécessaires pour maintenir cet ordre contre l'opiniâtreté des plantes, toujours prêtes à reprendre leurs aises.

Partout cependant la taille peut s'exercer, même dans le plus petit des jardins qui trouvera par ce biais un caractère affirmé. La mise en forme, géométrique ou non, des plantes rend possible de nombreuses petites scènes. Elle se pratique traditionnellement sur les espèces persistantes afin de profiter toute l'année des prouesses réalisées.

Tous les arbustes à petites feuilles et port touffu conviennent pour des topiaires tarabiscotées. Buis, troène, lonicéra, pittosporum sont les plus communs, mais n'oublions pas le laurier-sauce, qui a la particularité de supporter les coupes répétées malgré la longueur de ses feuilles. Parmi les conifères, l'if est de loin le plus utilisé. En effet, sa croissance est lente et sa silhouette naturellement compacte, plus que bien d'autres conifères comme le faux cyprès et le thuya, que l'on garde pour façonner de simples murs végétaux.

Bestiaire amical

Les formes animalières se composent à l'œil, avec un modèle dessiné de référence, ou bien sur une structure en fer déjà formée, mais cette dernière solution est plutôt retenue pour les topiaires en lierre. Si vous utilisez du buis, commencez à le tailler quand le pied est jeune et recoupez-le deux ou trois fois par an. De cette façon, le feuillage deviendra de plus en plus dense et la forme de mieux en mieux dessinée.

Écureuil et cône en buis (Buxus sempervirens).

Lianes rebelles

Un jardin très régulier paraît à la longue ennuyeux si quelques animations ne viennent en alléger la composition. Au-dessus de topiaires géométriques, la présence d'un rosier liane apporte une note rebelle intéressante. Ce contraste abouti met en valeur l'un et l'autre, et le rosier adoucit également la haie d'ifs sur laquelle il prend appui. Choisissez un rosier en fleur tout l'été pour maintenir cette scène le plus longtemps possible.

Cônes en buis (Buxus sempervirens), *rosier 'Butterstream 2', haie d'ifs* (Taxus baccata).

Réflexions poétiques

Pour insuffler de la poésie dans une haie de persistants, le paysagiste a aménagé des alcôves végétales. Le vert est toujours la couleur qui prime mais les styles de feuillages diffèrent. L'opposition entre la forme taillée en arrondi et le port plus libre de la haie amène aussi à s'interroger quand on passe à proximité : quelle est cette espèce qui a été sculptée ainsi ? Est ce pour la préserver de l'étouffante proximité des autres ? Autant de questions qui stimulent l'esprit et le regard.

Pittosporum (Pittosporum tobira), *pittosporum taillé* (Pittosporum tenuifolium), *photinia* (Photinia).

Jardin modèle

La taille donne l'occasion de créer des volumes divers afin de structurer le jardin, soutenir sa trame, marquer les axes forts, mais aussi surprendre, sculpter, jouer sur la variété des lignes et des courbes… Des bordures de buis épaisses encadrent ainsi idéalement les massifs de vivaces qui s'épancheront au-dessus ; des haies d'ifs ou de charmes séparent les espaces en masquant volontairement certaines parties du jardin ; les labyrinthes et figures diverses prêtent vie à tous les imaginaires.

Banquettes de buis (Buxus sempervirens), *igloo en charme* (Carpinus betulus).

LA TAILLE MAÎTRISÉE

Le choix de l'outil

Le sécateur est l'outil le plus approprié pour former les arbustes en topiaires géométriques ou animalières. On le choisit à sa taille pour bien assurer la prise en main, couper les rameaux de façon nette et éviter les ampoules.

Pour les bordures et les haies, le taille-haie électrique fait gagner du temps mais la coupe est parfois moins précise qu'avec une cisaille à main. Il est donc nécessaire de choisir l'outil le mieux adapté à sa force et à sa dextérité.

L'affûtage des lames reste dans les deux cas la condition préalable à une taille correcte et rapide. Enfin, il ne faut pas oublier de nettoyer ses outils avant et après l'opération et d'enfiler des gants, la première protection du jardinier.

Tours et contours

Quand un arbuste couvre-sol se plaît quelque part, il peut prendre une ampleur démesurée. S'accaparer ces débordements conduit à inventer d'autres formes que celles qui étaient prévues, à laisser les silhouettes s'enlacer, se poursuivre et manifester leur ardeur. Par la taille, on préserve tout de même l'intégrité de chaque plante, mais avec tact. Émergeant de ces gros coussins de cotonéasters, les épicéas coniques en revanche ne se taillent pas, car leur croissance régulière est extrêmement lente, et leur taille adulte ne dépasse pas 2,50 m.

Cotonéaster rampant (Cotoneaster horizontalis), *épicea conique* (Picea glauca *'Conica'*).

La douceur des arrondis

Entre soleil et ombre, les tapis verts remplacent admirablement la pelouse. La lysimaque naine, par exemple, se faufile partout en dissimulant totalement la terre au pied des arbustes. Ce qui constitue un véritable avantage quand ces derniers gardent des formes strictes, en boule, cône ou banquette. Les différents tons de vert ressortent mieux également sur ce tapis clair.

Tapis de lysimaque (Lysimachia nummularia), *boules de buis* (Buxus sempervirens), *faux cyprès* (Chamaecyparis).

Autour des graminées

Le pouvoir évocateur des graminées fait appel à tous nos sens. Rien n'est plus attirant qu'une touffe gracieuse de tiges fluettes ondulant sous le vent. À moins que l'on ne soit peu enclin à savourer ce côté sauvage, cette liberté d'expression donnée par les épis en bataille et les touffes vaporeuses. Parmi les très nombreuses espèces, le jardinier a l'opportunité d'en apprivoiser de plus sages, aux allures de coussins ébouriffés mais réguliers, de tapis, de vagues ou de touffes généreuses en boule. Les plus altières se faufilent entre les arbustes taillés des jardins ordonnés, afin d'alléger les compositions qui deviennent dynamiques grâce à ce contraste provocant.

Il est vrai qu'elles n'ont pas toujours été bien considérées. Traitées d'herbes folles ou mauvaises, les graminées d'ornement ont convaincu tardivement les amateurs de jardin de leur intérêt décoratif. Gracieuses toute l'année, elles changent de couleur selon les saisons : parfois vraiment rouges ou veinées de blanc, elles passent du vert tendre au jaune, au rose, au roux ou à l'ocre et offrent enfin leur silhouette au givre en plein hiver. Leur floraison très particulière ajoute encore au charme de ces belles nonchalantes qui attrapent la lumière dans leur feuillage. Les épis forment des goupillons, des inflorescences plumeuses ou cotonneuses qui se conservent souvent plusieurs mois. Ces graminées ont d'autres qualités, parmi lesquelles une excellente rusticité. Beaucoup résistent à la sécheresse, et se cultivent au balcon comme en pleine terre. Vérifiez seulement la hauteur de la plante adulte avant de vous décider.

Retrouver la nature

Dans un jardin de campagne, essayez les massifs uniquement composés de graminées. Pour les amateurs, cet effet « nature sauvage » a vraiment du panache ! Le plaisir est décuplé quand on arrive à associer la teinte du feuillage de l'une avec la couleur des épillets de l'autre, et les mariages possibles sont innombrables.

Panicum, deschampsia, pennisetum, stipa.

Lumière céleste

On l'appelle « cheveux-d'ange » tant son feuillage est lumineux. Le stipa est l'une des graminées les plus décoratives, que l'on plante avec bonheur au milieu des vivaces et arbustes persistants et des boules de buis. De hauteur moyenne (50 cm), la touffe s'évase dans le tiers supérieur comme une auréole coiffant la scène.

Santoline (Santolina chamaeciparyssus), *stipa* (Stipa tenuifolia), *berbéris* (Berberis thunbergii *'Kobold'*).

Accord parfait

Créer un accord entre les épis des graminées et les fleurs des vivaces est possible dans de nombreux cas. Ici, la persicaire rouge pourpré assez vif est un ton au-dessus du deschampsia, déjà mordoré, qui adoucit ce coloris rouge. L'espace disponible est important sur cette bordure de pelouse, dans un petit jardin, préférez des espèces de plus petite taille.

Deschampsia (Deschampsia cespitosa *'Goldtau'*), *persicaire* (Persicaria).

L'ENTRETIEN DES GRAMINÉES

En automne, laissez les touffes bien fournies, celles-ci vont changer de couleur puis sécher sur pied en restant décoratives. En fin d'hiver, juste avant le renouveau de la végétation, taillez toute la masse végétale presque au ras du sol, de 10 à 30 cm selon les espèces. Coupez les tiges en petits bouts et laissez ces derniers autour de la souche, ils se décomposeront pour nourrir le sol et formeront un paillis naturel qui maintiendra la terre plus humide en été. Les nouvelles pousses sortiront de la souche en début de printemps.

Un peu de douceur

Osez les graminées dans vos massifs d'annuelles, leur légèreté adoucira le décor. Même si cette touche désordonnée irrite les férus de désherbage, le résultat est magnifique le temps d'une saison. Pour continuer cette association plus longtemps et en tester d'autres, adoptez des petites espèces de carex ou de fétuque, que vous planterez à 50 cm les unes des autres. Chaque année, comblez les intervalles avec des bulbes, puis des plantes saisonnières.

Muflier (Antirrhinum *'Liberty Bronze'*), *orge à crinière* (Hordeum jubatum).

Un beau duo →

Les épis des pennisetums ont l'air si doux qu'il est vraiment tentant de les toucher. De loin comme de près, l'effet de ces touffes est très beau. Dans un grand massif, celles-ci s'associent merveilleusement avec les miscanthus dont la variété 'Zebrinus' offre des marbrures jaunes lumineuses. Les épillets de cette dernière gardent la même couleur que ceux des pennisetums toute la saison.

Pennisetum (Pennisetum alopecuroides), *miscanthus* (Miscanthus sinensis *'Zebrinus'*).

Mariages de roses

Quel plus merveilleux spectacle peut-il y avoir au jardin qu'une rose conversant avec une clématite ou délicatement entourée de lavandes ? La reine des fleurs, loin de s'offusquer d'une telle promiscuité, s'en trouve magnifiée. Chaque floraison qui s'égrène à ses pieds masque la disgrâce de ses bois dénudés, celle qui s'aventure près de ses rameaux avive son teint ou lui donne la repartie. La convivialité règne ainsi au jardin du printemps à l'automne.

Un tapis de vivaces naines ou de petites annuelles entre les pieds des rosiers permet aussi d'éviter le désherbage et protège le sol de la sécheresse. Sur un mur, la compagnie d'une clématite, d'un chèvrefeuille ou d'un jasmin donne un volume de rameaux plus souples et de feuilles plus conséquent. Il faudra toutefois contrôler sévèrement l'ampleur prise par chacune des espèces, en effectuant une taille annuelle. Les rosiers grimpants seront plus à l'aise si suffisamment d'espace leur est accordé. Par contre, les rosiers lianes possèdent une telle vigueur qu'ils se mêlent à toutes les autres grimpantes sans sourciller.

En dehors des mariages convenus avec les népétas, lavandes, et iris, les associations originales sont aujourd'hui recherchées. Une belle touffe de graminées aura la cote avec un rosier arbustif, un rosier buisson dialoguera joliment au printemps avec les boules étoilées de l'ail d'ornement. Le festival des feuillages compte également autant que les fleurs de saison pour accompagner les roses. Pensez aux gris argenté en plein été. La palette des jaunes, roses, cramoisis et violets est mise en valeur par les feuillages argentés de l'armoise, de la santoline, de l'hélichrysum et des oreilles-d'ours.

Des valeurs sûres

Ce sont les meilleures associations, aussi les rencontre-t-on très souvent : les roses bordées de népétas, de lavandes ou de géraniums vivaces acquièrent une telle prestance qu'il est difficile de trouver mieux, surtout dans la gamme des rosés et des bleus. Le mariage avec des delphiniums est aussi classique, qu'il s'agisse de rosiers buissons ou arbustifs.

Népéta (Nepeta *x* faassenii), *rosier à fleurs doubles, delphinium.*

L'attirance des contraires

De plus en plus remarqué quand on ose l'essayer, l'accord entre le style chic des roses anciennes et le port ébouriffé des graminées est plutôt inhabituel. La rose gallique, cultivée depuis des siècles et rapportée en France au retour des croisades, tient haut la tête devant une jeune touffe de ces herbes presque sauvages. Tant de cultures les séparent qu'elles s'attirent irrésistiblement.

Rosa gallica officinalis, *phalaris* (Phalaris arundinacea *var.* picta).

En massif ou bordure

Formant aussi une association qui a du caractère, roses et hostas créent d'élégants massifs. Les coloris clairs des rosiers blancs ou carnés s'accordent aux hostas à feuillage vert tendre ou marginé de blanc. Les roses plus soutenues allant jusqu'au parme sont idéales avec les feuilles des hostas glauques. Ici, les épis de fleurs lavande de cet hosta marginé inaugurent la saison avant les sauges.

Hosta (Hosta fortunei *var.* aureomarginata), *rosier double*, *sauge* (Salvia nemorosa).

De jolies épines

Alliance du piquant et du charme, les branches épineuses de berbéris se dotent de corolles de roses pour mieux tromper l'adversaire. Mais si d'adversaire il n'y a, le choix de la teinte de ce rosier convient à merveille au feuillage pourpre du berbéris, rougeoyant sur les revers. L'intrusion d'une valériane, peut-être sauvage, renforce la séduction de ce mélange un peu dégingandé.

Berbéris pourpre (Berberis *'Rose Glow'*), *valériane rouge* (Centranthus ruber), *clématite* (Clematis), *rosier 'International Herald Tribune'*.

La plus belle des unions

Roses et clématites sont amies. Elles sont indissociables sur les murs, arceaux et pergolas. Qu'elles soient de tonalités similaires ou en contraste parfait, l'une s'offre à plat en larges pétales déployés pour mieux donner la parole à l'autre, chiffonnée, très double, en quartiers ou turbinée.

Rosier 'Tradescant', *clématite* (Clematis *'Mrs N. Thompson'*).

Tableau classique

À la manière d'un tableau ancien où l'opulence est de rigueur dans les formes et les matières représentées, ce massif à deux niveaux engendre un sentiment de plénitude. Tout y est, ou presque. La correspondance des couleurs s'attache à faire passer les roses au premier plan même si elles sont plantées en fond de massif. La teinte de celles-ci est reprise dans la bordure, comme une introduction qui soutient leur développement.

Trèfle (Oxalis) *et oreille-d'ours* (Stachys lanata) *en bordure, vivaces tapissantes, banquette de buis, campanule* (Campanula portenschlagiana), *rosier 'Milrose' et géranium vivace* (Geranium).

Choix éclectique

Juste quelques corolles sont épanouies. Le début de saison permet de mieux apprécier la finesse des associations avant que le massif ne se couvre de fleurs entremêlées. Les épis singuliers de l'heuchère montent au niveau des roses mais restent discrets. L'intérêt réside aussi dans les feuillages juxtaposés, verts et pourprés.

Heuchère (Heuchera), *rosier 'The Mayflower', géranium vivace* (Geranium).

Une silhouette naturelle →

Voici l'un des rosiers les plus orignaux, bien qu'on ne le voie pas encore beaucoup dans les jardins. Cela tient en partie à l'ampleur de sa silhouette, qui refuse les tailles répétées pour mieux s'élancer puis légèrement s'arquer. Son feuillage, réellement bleuté, est ombré de gris et de pourpre. Et l'arbuste porte de petites fleurs simples rose vif au cœur blanc, ce qui l'engage à se marier avec d'autres fleurs aux tons vifs comme les pavots et les marguerites.

Marguerite, pavot (Papaver orientale), Rosa glauca.

Vues particulières

À l'échelle du jardin, les mini-scènes constituent de nombreuses occasions de s'émerveiller. Elles rassemblent une plante et son environnement immédiat ou bien mettent en valeur un ornement dans un micro-paysage. Elles dirigent souvent l'attention sur une petite partie d'un massif qui s'individualise par le biais des couleurs ou de la forme des feuillages. Cela peut être aussi la simple association de deux plantes dont les silhouettes sont totalement différentes mais se complètent dans la composition. L'œil resserre alors son champ de vision pour ne privilégier que cette vue dont l'intérêt lui semble primordial en cet endroit précis. Mais il lui faut le temps de pouvoir s'arrêter et apprécier pleinement ce qu'il a remarqué.

Les petits jardins offrent quantité de ces scènes particulières, car l'exiguïté des lieux demande une conception plus fine et soignée. Dans ce périmètre restreint, les ambiances qui se suivent apportent une dynamique forte. Elles compteront donc sur l'effet de surprise, sur les contrastes en tous genres et sur quelques associations qui ne pourront passer inaperçues.

Il ne faut pas non plus que ces successions de plans différents soient omniprésentes car elles risquent aussi de devenir lassantes. Trop de divertissement nuit, il est plus sage de s'en réserver quelques-uns disséminés dans une trame harmonieuse de jardin. Et sans même intervenir, quelques intermèdes apparaissent parfois. La barrière du potager comme l'arbre centenaire qui ombrage la pelouse ou la collection de pots sur la terrasse fournissent maints prétextes à s'attarder. On sera heureux d'y découvrir une branche vagabonde, une fleur que l'on n'attendait pas, une herbe folle qui s'est approprié les lieux avec panache.

Un support opportun

Une liane solitaire, échappée de la ramure, prend la pose sur un tronc voisin. À moins qu'elle n'ait décidé de coloniser ce support qui lui assure confort et espace. L'alliance de ces deux formes végétales, l'une solide et stable, l'autre délicate et mobile, est une scène improvisée dont il faut profiter à l'instant. Les fleurs parfumées récompenseront les curieux qui s'approcheront.

Stauntonia hexaphylla.

De beaux légumes

Courges, citrouilles et potirons offrent autant de décors qu'ils ont de formes et de couleurs. Mais cachés sous leurs énormes feuilles au sein du potager, ces légumes attendent l'automne pour s'exposer enfin en pleine lumière. Pour les voir mûrir sans pourrir, il faut les installer individuellement sur des planches ou des briques, ou bien encore sur un tapis de paille ou de fougères sèches.

Courges (Cucurbita).

Une association impromptue

Lavé par les intempéries, le bois d'une souche ancienne devient une œuvre d'art. Qu'un rosier sauvage se développe à son pied, ou tout autre rejet spontané d'une plante à fleurs, et l'effet est assuré. Le développement de la plante nécessitera peut-être une intervention pour sauvegarder la souche, ce sera au jardinier d'en juger l'utilité.

Rosier à fleurs simples.

Border avec rigueur

La vogue retrouvée des bordures tressées en osier ou noisetier permet de peaufiner les raccords entre pelouse et massifs. L'esthétisme de ces bordures engage aussi à mieux ordonner les plantations et à choisir des espèces dont le graphisme sera ainsi plus affirmé.

Hosta (Hosta).

Pièce en un acte

Un vieil arrosoir oublié dans le jardin ou une chaise rouillée sollicitent une reconversion ? Mariez-les avec une plante à l'expression débridée. Le contraste entre les deux marquera davantage. La majesté de ce pied d'artichaut est éloquente, la chaise lui donne ici une valeur ajoutée sur le vert de la pelouse.

Artichaut (Cynara scolymus).

Une idée à suivre

Collectionner les bulbes mène parfois à une autre collection, celle des pots en terre, moins intéressante mais tout aussi manifeste ! Quand les bulbes sont au repos, ce sont eux qui créent l'animation, sagement alignés en attendant que la végétation sorte de terre. Même sans aller jusqu'à un tel nombre, les scènes de pots rassemblés sur les fenêtres, escaliers, murets ou terrasses sont toujours plaisantes à regarder.

Bulbes en pots, bambou (Phyllostachys aurea).

Profiter des circonstances

Toute structure pour maintenir ou soutenir les plantes donne l'occasion de créer une scène particulière. Rapprocher plusieurs d'entre elles ou les aligner le long d'une bordure retiendra encore plus l'attention. Les cônes d'osier tressé suffisent pour faire grimper ipomées et pois de senteur. Chaque année il vous faudra vérifier leur bon état et les remplacer quand ils seront fatigués.

Cônes tressés en osier.

Jardin vivant

Il suffit parfois de presque rien pour attirer l'œil, d'une saynète éphémère que l'on surprend en passant. Un escargot tout à coup se montre et nonchalamment suit son chemin parmi les plantes. Il était sous le couvert des feuillages, nul ne s'en apercevait. Son apparition trouble un instant l'harmonie de l'endroit : va-t-il provoquer la réaction du jardinier, ou sera-t-il considéré comme un hôte à part entière de ce microcosme appelé jardin ? La verdure pousse et se multiplie, grignotée par escargots et limaces qui se font à leur tour dévorer par les hérissons…, c'est dans l'ordre des choses. Mais, où sont passés les hérissons ?

Dichondra rampant (Dichondra repens).

Découvrir les écorces

Certains arbres pèlent, se déshabillent, montrent les couches internes de leur manteau. D'autres exposent une écorce étonnamment colorée. Unie, celle-ci se voit de loin quand le feuillage a déclaré forfait. Quand elle est striée de longues bandes verticales ou de cernes comme sur certaines espèces, elle demande que l'on se rapproche pour admirer l'œuvre de la nature.

Cette écorce protectrice a un rôle à défendre et si elle se desquame, il est inutile de l'y aider, pour ne pas interférer dans le processus. Car toute atteinte à l'écorce marquera le bois et le développement de la plante. Sous cet épiderme se trouve le méristème, qui rassemble les cellules productrices de nouveaux tissus. Le bois peut garder ainsi la trace des heurts, d'un lien laissé trop longtemps, de toute blessure.

L'écorce qui porte en elle l'histoire de l'arbre permet aussi d'identifier l'espèce. L'exercice devient passionnant pour les amateurs de botanique. Chez soi, il est amusant et même gratifiant de guider ses amis à travers le jardin, à la découverte de ces merveilles.

Placez ces arbres et arbustes aux endroits stratégiques pour en profiter l'hiver. Comme avec ceux qui flamboient en automne avant de perdre leurs feuilles, composez des bosquets de bois décoratifs en différents endroits du jardin. Près des allées principales, ils seront bien remarqués, en face des fenêtres du salon ils seront les premiers à vous divertir quand vous regarderez dehors. Une de ces espèces associée à un massif abondamment fourni en été continuera l'animation au cœur de la saison froide. En haie, le mélange des bois décoratifs avec d'autres plantes est d'un intérêt indéniable pour la même raison.

Feuilles d'écorce

Les rameaux et le tronc de l'arbousier présentent une écorce brun rougeâtre sur les sujets âgés. Grand arbuste commun dans la moitié sud de la France, il a besoin d'une protection hivernale ailleurs. Sur l'espèce glandulosa, l'écorce se desquame de la même manière que sur certains eucalyptus, ce qui met au jour une jeune peau vert anisé.

Arbousier (Arbutus glandulosa).

Un beau sujet

Dans un petit jardin, un seul arbre de ce style suffit à animer la saison hivernale. On le place de façon isolée sur la pelouse ou sur l'un des côtés d'une large plate-bande qui sera dégarnie à cette période de l'année. Les grands jardins accueilleront ces spécimens en haie décorative de fond de jardin, ou en bosquet dans une partie organisée en arboretum en compagnie d'autres espèces de collection. Arrosez copieusement les deux premières années après la plantation afin de favoriser la reprise.

Érable jaspé (Acer pensylvanicum *'Erythrocladum'*).

Ange et démon

La ronce n'a pas bonne réputation : envahissante, piquante, difficile à arracher, impossible à pénétrer… Si l'on regarde les qualités de la ronce d'ornement, on trouve celle-ci imperturbable par tous les temps, superbement fleurie, facile à implanter dans n'importe quel terrain, et vraiment originale : son bois couvert d'une pruine blanchâtre attire irrésistiblement l'œil en plein hiver. Oubliez vite les défauts pour les transformer en qualités.

Bergénia au premier plan, bruyère, ronce (Rubus thibetanus).

Du jaune soufre...

Hauts, de diamètre régulier et bien droits, les chaumes des bambous géants forment à eux seuls une forêt où il est bien difficile de s'immiscer tant ils poussent serrés. Cela tient à leur système de multiplication par extension de leurs racines qui produisent chaque année des rejets tout autour du pied. Les chaumes de l'espèce *Phyllostachys sulphurea* restent bien jaunes ; plantez-les en petits bosquets au jardin ou le long d'une clôture.

Phyllostachys sulphurea.

...au bleuté

Graphiques à souhait, les chaumes du bambou pubescent offrent cette remarquable couleur gris-bleu que le feuillage ne vient pas troubler, perché trop haut au bout des tiges. Ils font partie des plus grandes espèces de bambous.

Phyllostachys pubescens.

Le plus connu

Ne résistez pas à l'envie de planter un bouleau, il sera toujours beau ! La facilité de culture de cet arbre gracieux au feuillage léger se double de grandes qualités décoratives en toute saison. Selon les espèces et la façon dont il est conduit, l'arbre montre un port fastigié très haut, forme un bosquet ou retombe en pleureur. C'est peut-être le seul arbre que tout le monde reconnaît sans se tromper.

Bouleau (Betula utilis *var.* jacquemontii).

Feuillages d'automne

Partout où le vert s'exprimait encore en été sans différences notables, en automne, le rouge le dispute à l'ocre ou au cuivré, à moins que le doré ne soit nominé. Le jardin résonne de cette symphonie colorée si le choix des plantes a été bien réalisé. La cacophonie est rare en cette saison, car les humbles feuillages, touchés par la magie du changement de temps, montrent une gamme moins étendue que celle des floraisons. Ils restent dans les coloris chauds, presque pour remédier aux températures en baisse. Même le cyprès chauve et le mélèze, de la famille des conifères, s'offrent une parure mordorée de toute beauté.

Dans les jardins plus sobres, une seule scène automnale s'annonce comme l'apogée du cycle végétal avant le grand sommeil hivernal. Disposée de telle façon qu'on puisse l'admirer des principaux axes du jardin, elle suffit à marquer les esprits. Et elle procure un plaisir intense le temps de trois ou quatre semaines. Le passage à la période froide, que les persistants négligent complètement, est ainsi perçu et reconnu.

Toutes les plantes caduques ne s'enflamment pas autant en perdant leurs feuilles. C'est la raison d'un choix judicieux parmi les espèces : un rosier thé ne s'embarrasse pas de ses feuilles assez longtemps pour changer de ton ; par contre un rosier *pimpinellifolia* ou *rugosa* retient l'attention dans un festival de rose cuivré, de pourpres et de cramoisis. Car en automne, le manque de lumière vive empêche la photosynthèse productrice de la verte chlorophylle. Les autres pigments prennent le relais quand on leur en laisse le temps, mais l'alchimie des couleurs n'agit pas de façon égale sur chaque végétal.

Une envie d'arboretum

Du rouge flamboyant au pourpré profond, le métaséquoia offre un fabuleux spectacle et cela se voit ! Du haut de sa stature dressée de conifère, il se moque de ses congénères gardant leurs aiguilles en hiver. Les siennes disparaissent en changeant de couleur, pour mieux renaître ensuite. Accompagnez-le d'autres espèces à feuillage rougeoyant car il a tendance à se dégarnir au fil des ans.

Fothergilla (Fothergilla major), *métaséquoia* (Metasequoia glyptostroboides).

Souligner la beauté

À eux seuls, les érables fournissent la moitié des animations automnales. Entre les espèces européennes, américaines et asiatiques, la palette passe du jaune vif au rouge le plus foncé en déclinant tous les orangés. Au pied de tels sujets, la myrtille se pose comme un soutien décoratif de première importance.

Bordure de myrtilles d'Amérique (Vaccinium corymbosum), *érable rouge* (Acer rubrum), *érable argenté* (Acer saccharinum).

Un solitaire à admirer

Si vous n'avez qu'un seul arbre, optez pour un cornouiller. Les sujets sont tous spectaculaires en automne et restent aussi décoratifs en hiver comme le cornouiller sanguin ou le cornouiller blanc, au bois rouge. L'un des plus raffinés, dans les espèces arborées, vient de Chine. C'est *Cornus controversa*, dont le port étagé mérite une place de maître au sein du jardin.

Cornouiller (Cornus controversa).

Camaïeux de saison

Un massif arbustif de cette envergure se plaît dans un vaste espace. Les tonalités différentes sont un régal pour l'œil en cette saison. Pensez aussi au reste de l'année en plantant quelques arbustes à fleurs de moindre hauteur, et des vivaces de beau volume, ou des graminées touffues.

Érables (Acer rubrum, Acer palmatum *'Osakazuki' en premier plan*), *hydrangéa* (Hydrangea paniculata), *arbre caramel* (Cercidiphyllum japonicum).

Plaisir des sens

Le coloris framboise de certaines plantes est une incitation à la consommation ! Mais attention, ces arbres et arbustes prennent de l'ampleur, et vous n'en profiterez véritablement que si vous les placez à bonne distance de la maison, dans un endroit assez dégagé. Une collection de cornouillers offrira des fleurs au printemps, des silhouettes originales et une superbe coloration automnale avant de montrer des bois colorés tout l'hiver.

Cornouiller kousa (Cornus kousa).

Un couvre-sol attrayant

Les sumacs contiennent presque tous une sève toxique, ce qui n'empêche pas de compter sur les attraits décoratifs de ces espèces au jardin. Celle qui figure ici reste rampante, car elle drageonne beaucoup et sert de joli couvre-sol dans les bosquets.

Sumac (Rhus toxicodendron, *syn.* Rhus radicans).

Une note asiatique

Dans la catégorie des érables japonais, ceux au feuillage découpé recueillent tous les suffrages. Ils font partie de l'espèce *Acer palmatum*, dont certains offrent des couleurs oscillant du rouge au pourpré toute l'année. En automne, leurs teintes s'avivent et les espèces de feuillage vert deviennent jaune d'or. Ils aiment les terrains acides et frais, profonds et bien drainés. Bien sûr, le choix d'un tel sujet peut influencer la composition du jardin… jusqu'à déterminer le style général, plutôt à tendance asiatique !

Érable japonais (Acer palmatum *'Shishio'*).

Habiller avec originalité

Une exposition chaude et ensoleillée comme sur ce mur de briques est la meilleure façon de voir une vigne d'ornement s'étaler d'année en année. Les feuilles presque rondes ont tout pour plaire : originalité, coloris changeants, grande taille, pour un décor de choix du printemps à la fin de l'automne. En hiver, rabattez quelques tiges, entièrement ou de moitié si vous souhaitez limiter le développement de la plante.

Vigne d'ornement (Vitis coignetiae).

Les feux du jardin

Le fothergilla nous vient d'Amérique du Nord, habitué là-bas aux sols tourbeux, acides et toujours frais. Un tel arbuste entièrement couvert d'or, de rouge et d'orangé en octobre se plaira devant un fond de verdure à mi-ombre, près d'hydrangéas par exemple. En quelques années il atteindra 2,50 à 3 m de hauteur et 1,50 m d'étalement. Son autre qualité est d'avoir une floraison odorante au printemps, car il fait partie de la famille des hamamélis.

Fothergilla (Fothergilla major).

Quelques précisions techniques

Nom français	Nom latin	Caractère	Hauteur	Floraison/ persistance	Distance de plantation	Exposition	Sol
Acanthe	*Acanthus mollis*	vivace	1,30 m	juin-août	60 cm	plein soleil	profond et poreux
Aéonium	*Aeonium arboreum*	succulente	50-150 cm	juillet-août	50-100 cm	plein soleil	léger et humifère
Agapanthe	*Agapanthus umbellatus*	vivace	80-100 cm	juin-octobre	50 cm	plein soleil	ordinaire à légèrement acide et frais
Agave	*Agave americana*	succulente	1,50 m à 20 ou 30 ans	persistante	1,50 m	plein soleil	léger et poreux, même sec
Ail d'ornement	*Allium*	bulbe	50-70 cm	mai-juillet	20-30 cm	plein soleil	ordinaire
Alchémille	*Alchemilla mollis*	vivace	30-50 cm	juin-juillet	40 cm	soleil ou mi-ombre	frais
Amarante	*Amaranthus caudatus, A. paniculatus*	annuelle	70-90 cm	juillet-août	60-80 cm	plein soleil	ordinaire et bien drainé ; supporte le calcaire
Anémone blanda	*Anemone blanda*	bulbe	10-15 cm	avril	15 cm	soleil	ordinaire et frais
Anémone du Japon	*Anemone huppehensis*	vivace	80 cm	août-octobre	50 cm	soleil ou mi-ombre	sol ordinaire ; supporte le calcaire
Arbousier	*Arbutus*	arbuste	2-4 m	août-septembre, persistant	2 m	soleil	ordinaire et bien drainé ; supporte le calcaire
Arbre caramel	*Cercidiphyllum japonicum*	arbre	10-15 m	juin	5 m	soleil ou mi-ombre	riche, frais et acide
Arum	*Arum maculatum*	bulbe	20-30 cm	mai	30 cm	mi-ombre	ordinaire et frais
Asparagus	*Asparagus densiflorus*	plante d'intérieur	40-80 cm	persistant	1 par pot	lumière sans soleil direct	léger
Bambou	*Phyllostachys, Arundinaria*	graminée	50 cm-20 m	persistant	60-150 cm selon espèce	soleil ou mi-ombre	ordinaire, frais et bien drainé
Basilic	*Ocimum basilicum*	annuelle	30-40 cm	aromatique	30 cm	soleil ou mi-ombre	ordinaire
Berbéris	*Berberis*	arbuste	1-1,50 m	mai-juin, persistant ou caduc selon espèce	60-100 cm	soleil	ordinaire même sec ; supporte le calcaire
Bergénia	*Bergenia cordifolia*	vivace	40 cm	avril-mai	30-40 cm	soleil ou mi-ombre	ordinaire à frais
Bougainvillée	*Bougainvillea*	grimpante	5-8 m	juin-septembre	2 m en pleine terre	plein soleil	léger et humifère
Bouleau	*Betula*	arbre	15-25 m	caduc	5-15 m selon espèce	soleil	ordinaire
Bouton-d'argent	*Anaphalis triplinervis*	vivace	25 cm	juin-septembre	40 cm	plein soleil	ordinaire
Bruyère	*Calluna, Daboecia, Erica*	arbuste	15-60 cm	toute l'année selon espèce	20-50 cm	soleil	léger, bien drainé et acide selon espèce
Buis	*Buxus sempervirens*	arbuste	30 cm-2 m selon taille pratiquée et espèce	persistant	20-40 cm selon espèce	soleil ou mi-ombre	ordinaire à pauvre
Cactus raquette	*Opuntia*	cactée	1-3 m	juillet-août, persistant	60-100 cm	soleil	léger et bien drainé
Camélia	*Camellia sasanqua*	arbuste	2-6 m	novembre-mars	2-4 m	mi-ombre	profond, bien drainé et acide
Campanule	*Campanula glomerata*	vivace	20-40 cm	juin-août	30 cm	plein soleil	ordinaire ; supporte le calcaire
Campanule	*Campanula latifolia*	vivace	1 m	juin-août	50 cm	plein soleil	ordinaire ; supporte le calcaire
Campanule des murs	*Campanula portenschlagiana,* syn. *C muralis*	vivace	10 cm	mai-septembre	30 cm	soleil	ordinaire à pauvre
Canna	*Canna*	bulbe	80-120 cm	juin-août	50 cm	plein soleil	riche et frais
Carex	*Carex*	graminée	30-100 cm	mai-juin	30-60 cm	soleil ou mi-ombre	ordinaire et frais
Céanothe de printemps	*Ceanothus thyrsiflorus*	arbuste	1,50-2,50 m	mai-juin	1,50 m	plein soleil	ordinaire à légèrement acide
Cèdre bleu de l'Atlas	*Cedrus atlantica*	conifère	20-25 m	persistant	8 m	plein soleil	ordinaire, bien drainé

Nom français	Nom latin	Caractère	Hauteur	Floraison/ persistance	Distance de plantation	Exposition	Sol
Charme	*Carpinus betulus*	arbre	2-20 m selon taille pratiquée	caduc	60 cm en haie, 10 m en isolé	soleil	ordinaire et profond
Chèvrefeuille	*Lonicera japonica* 'Halliana'	grimpante	5-10 m	juin-septembre	1,50 m	soleil	ordinaire et bien drainé
Ciboulette	*Allium schoenoprasum*	vivace	10-20 cm	juillet-août	30-40 cm	plein soleil	ordinaire bien drainé
Ciste	*Cistus*	arbuste	30 cm-2 m selon espèce	avril-juin	50-100 cm	plein soleil	ordinaire à pauvre, bien drainé
Clématite à grande fleur	*Clematis*	grimpante	3-10 m	juin-août	2 m	soleil	ordinaire et bien drainé
Clématite à petite fleur	*Clematis*	grimpante	3-10 m	mai-juin	2 m	soleil	ordinaire et bien drainé
Cléome	*Cleome spinosa*	annuelle	1-1,50 m	juin-octobre	40-50 cm	plein soleil	léger
Consoude	*Symphitum* x *uplandicum*	vivace	1,20 m	mai-juillet	40-50 cm	mi-ombre	riche et frais
Convolvulus	*Convolvulus cneorum*	vivace	50-100 cm	mai-septembre	50 cm	soleil	léger et frais
Cornouiller	*Cornus controversa*	arbuste	3-4 m	mai-juin	3-5 m	soleil ou mi-ombre	frais et légèrement acide
Cornouiller blanc, Cornouiller jaune	*Cornus alba*, *C. sericea*	arbuste	2-3 m	caduc	1 m	soleil	tout
Cornouiller kousa	*Cornus kousa*	arbuste	3-7 m	mai-juin	3 m	soleil	frais et légèrement acide
Cosmos	*Cosmos bipinnatus*	annuelle	60-120 cm	juin-octobre	40-60 cm	plein soleil	ordinaire à léger, même pauvre
Cosmos	*Cosmos sulphureus*	annuelle	70-80 cm	juin-octobre	40 cm	plein soleil	ordinaire
Cotonéaster nain rampant	*Cotoneaster cochleatus*	arbuste	10 cm	mai-juin	50 cm	soleil ou mi-ombre	ordinaire à pauvre
Cotonéaster rampant	*Cotoneaster horizontalis*	arbuste	50 cm	mai-juin	1,50 m	soleil ou mi-ombre	ordinaire
Crambe	*Crambe cordifiolia*	vivace	2 m	juin-août	1 m	soleil	ordinaire, profond et frais
Cyprès de Provence	*Cupressus sempervirens*	conifère	10-12 m	persistant	1,50-2,50 m	plein soleil	ordinaire à pauvre et bien drainé
Dahlia	*Dahlia*	bulbe	30-120 cm selon variété	juillet-octobre	30-60 cm selon variété	plein soleil	riche et bien drainé
Datura	*Datura*	arbuste	1,50-3 m	juin-octobre	1,50 m	plein soleil	riche et profond, frais
Decumaria	*Decumaria barbara*	grimpante	5-10 m	juin-juillet	3 m	ombre ou soleil	ordinaire
Deschampsia	*Deschampsia cespitosa*	graminée	60-100 cm	juin-août	50-60 cm	plein soleil	ordinaire
Dichondra rampant	*Dichondra repens*	vivace gélive	3 cm	insignifiante	50 cm	soleil	ordinaire à léger et bien drainé
Digitale	*Digitalis purpurea*	bisannuelle	1,20-1,50 m	juillet-août	35 cm	soleil ou mi-ombre	ordinaire et frais
Épicéa conique	*Picea glauca 'Conica'*	conifère	2-3 m	persistant	1 m	soleil	ordinaire et frais
Érable	*Acer griseum*, *A. rubrum*, *A. saccharinum*	arbre	20-30 m	caduc, coloration en automne	6-10 m selon espèce	soleil	ordinaire et humifère
Érable japonais	*Acer japonicum*, *A. palmatum*	petit arbre	3-10 m	caduc, coloration en automne	2-6 m selon espèce	soleil voilé ou mi-ombre	acide et frais
Eremurus	*Eremurus*	vivace	1-1,50 m	juin-juillet	60 cm	soleil	ordinaire, meuble et bien drainé
Eucomis	*Eucomis*	bulbe	60-120 cm selon espèce	juillet-octobre	50 cm	plein soleil	riche et frais
Euphorbe	*Euphorbia characias*	vivace	90-120 cm	mai-juin	1 m	soleil	ordinaire et poreux
Farfugium	*Farfugium japonicum*	vivace	60-100 cm	mars	80 cm	ombre ou mi-ombre	frais et poreux
Fascicularia	*Fascicularia bicolor*	vivace	40 cm	insignifiante	30-40 cm	soleil ou mi-ombre	bien drainé
Faux cyprès	*Chamaecyparis*	conifère	2-15 m selon taille pratiquée	persistant	60 cm en haie et 5 m en isolé	soleil	ordinaire et frais
Faux jasmin	*Trachelospermum jasminoides*	grimpant	2,50-3,50 m	juin-octobre	1,50 m	plein soleil	léger et bien drainé
Ficus rampant	*Ficus pumila*	grimpant ou rampant	1,50-3 m	persistant si chaleur	60 cm	soleil ou mi-ombre	léger, frais et humifère

Nom français	Nom latin	Caractère	Hauteur	Floraison/ persistance	Distance de plantation	Exposition	Sol
Fothergilla	*Fothergilla major*	arbuste	2-3 m	mai	2 m	soleil ou mi-ombre	tourbeux, acide et frais
Fougère	*Blechnum*	vivace	30 cm	persistante	40 cm	mi-ombre ou ombre	ordinaire ou siliceux
Fougère	*Polystichum*	vivace	30-50 cm	persistante	50-60 cm	ombre ou mi-ombre	ordinaire ou humifère et frais
Fuchsia	*Fuchsia* hyb.	arbuste	60-150 cm	juin-septembre	60-100 cm	mi-ombre	riche et bien drainé
Fusain	*Euonymus fortunei*	arbuste	80-100 cm	persistant	50-60 cm	soleil ou mi-ombre	humifère et frais
Genévrier	*Juniperus communis 'Hibernica'*	conifère	4-5 m	persistant	1,50-2 m	soleil	ordinaire
Gentiane	*Gentiana asclepiadea*	vivace	40-60 cm	juillet-août	50-60 cm	plein soleil	poreux et non calcaire
Géranium vivace	*Geranium* x *cantabrigiense*	vivace	25 cm	mai-juin	40 cm	plein soleil	ordinaire
Géranium vivace	*Geranium endressii*	vivace	40 cm	mai-août	50 cm	plein soleil ou mi-ombre	ordinaire
Germandrée	*Teucrium fruticans*	arbuste	1,50-2 m	août-octobre, persistante	1-1,50 m	soleil	léger à caillouteux, même sec
Glycine	*Wisteria floribunda, W. sinensis*	grimpante	20-25 m	mai-juin	2 m	plein soleil	ordinaire sans calcaire
Groseillier à fleurs	*Ribes sanguineum*	arbuste	1,50-2 m	avril-mai	60-100 cm	plein soleil	ordinaire et bien drainé
Gunnéra	*Gunnera manicata*	vivace	2,50-3,50 m	mai-juin	2-3 m	ombre ou mi-ombre	profond, riche et humide
Gypsophile	*Gypsophila paniculata*	vivace	1 m	mai-août	1 m	plein soleil	profond et poreux, même sec
Hélichrysum	*Helichrysum petiolare*	vivace	25-40 cm	juin-août	80 cm	soleil ou mi-ombre	léger et bien drainé
Hellébore fétide	*Helleborus foetidus*	vivace	50-60 cm	janvier-avril	60 cm	mi-ombre	ordinaire, bien drainé , même sec
Hellébore oriental	*Helleborus orientalis*	vivace	40 cm	février-avril	40-50 cm	mi-ombre	ordinaire et frais
Helxine	*Soleirolia soleirolii*	vivace	3 cm	persistante si chaleur	30 cm	soleil ou mi-ombre	ordinaire
Hémérocalle	*Hemerocallis* hyb.	vivace	80-120 cm	mai-août selon variété	60-100 cm	plein soleil	ordinaire à riche et frais
Hêtre	*Fagus sylvatica*	arbre	2-20 m selon taille pratiquée	marcescent	10 m	plein soleil	ordinaire à frais
Heuchère	*Heuchera* hyb.	vivace	50-70 cm	mai-juillet	40-50 cm	soleil ou mi-ombre	ordinaire et meuble
Hortensia	*Hydrangea macrophylla*	arbuste	1-3 m	juillet-septembre	1 m	soleil ou mi-ombre	frais et ordinaire à acide
Hortensia grimpant	*Hydrangea petiolaris*	grimpant	4-6 m	juin-juillet	1 m	soleil ou mi-ombre	acide et frais
Hosta	*Hosta*	vivace	40-80 cm	juin-septembre selon espèce	50-60 cm	soleil ou mi-ombre	ordinaire et frais
Houblon	*Humulus lupulus*	grimpant	5-10 m	juillet-août	1-2 m	soleil ou mi-ombre	ordinaire
Houx crénelé	*Ilex crenata*	arbuste	1-5 m	persistant	60-150 cm selon usage	soleil ou mi-ombre	ordinaire à humifère
Hydrangéa arborescent	*Hydrangea arborescens*	arbuste	1,50-2,50 m	juillet-septembre	1,50 m	soleil ou mi-ombre	ordinaire à acide et frais
Hydrangéa paniculé	*Hydrangea paniculata*	arbuste	1,50-3 m	août-octobre	2 m	soleil	ordinaire et frais
Hydrangéa serrata 'Preziosa'	*Hydrangea serrata*	arbuste	1-1,50 m	juillet-août	1 m	soleil ou mi-ombre	ordinaire et frais
Ibéris	*Iberis*	vivace	25 cm	mars-mai, persistant	40 cm	plein soleil	ordinaire
If	*Taxus baccata*	conifère	1,50-10 m selon taille pratiquée	persistant	60-150 cm selon usage	soleil ou mi-ombre	ordinaire et bien drainé
Impatience	*Impatiens*	vivace cultivée en annuelle	30-40 cm	juin-octobre	20-30 cm selon variété	mi-ombre ou ombre	ordinaire et humide
Iris	*Iris ensata,* syn. *I. kaempferi*	bulbe	60-100 cm	juin-juillet	30-40 cm	plein soleil	tourbeux et riche, humide
Iris des marais	*Iris pseudacorus*	bulbe	1,20-1,50 m	mai-juin	40 cm	plein soleil	ordinaire, humide à marécageux
Iris de Sibérie	*Iris sibirica*	bulbe	60-100 cm	juin	30-40 cm	plein soleil	ordinaire, bien drainé
Ixia	*Ixia paniculata*	bulbe	30 cm	mai-juin	10 cm	soleil	sableux
Kumquat	*Fortunella japonica*	arbuste	1,50-2,50 m selon taille pratiquée	mai-juillet, persistant	1,50 m	plein soleil	léger, humifère et sableux

Nom français	Nom latin	Caractère	Hauteur	Floraison/ persistance	Distance de plantation	Exposition	Sol
Laurier-rose	*Nerium oleander*	arbuste	2 m	juin-septembre	1,50 m	plein soleil	ordinaire à léger et bien drainé
Lavande	*Lavandula angustifolia*	arbuste	50 cm	juin-août	40 cm	plein soleil	ordinaire à pauvre et bien drainé
Libertia	*Libertia formosa*	vivace	90 cm	juin-août	70-80 cm	soleil	riche et bien drainé mais non sec
Lierre	*Hedera helix, H. colchica*	grimpant	5-12 m selon espèce	persistant	60-100 cm	soleil, mi-ombre ou ombre	ordinaire à pauvre
Ligulaire	*Ligularia przewalskii*	vivace	1,20-1,50 m	juillet-août	60-80 cm	soleil ou mi-ombre	riche, profond et frais
Lis	*Lilium*	bulbe	80-150 cm selon espèce	juin-août selon espèce	30-50 cm	plein soleil	léger et sableux
Lobélie	*Lobelia erinus*	annuelle	15-20 cm	juin-octobre	15-20 cm	soleil léger ou mi-ombre	ordinaire
Lonicéra	*Lonicera nitida*	arbuste	50-150 cm selon taille pratiquée	persistant	50-80 cm	soleil ou mi-ombre	ordinaire à pauvre
Lysimaque naine	*Lysimachia nummularia*	vivace	5-10 cm	mai-juillet	40 cm	mi-ombre	ordinaire et frais
Macléaya	*Macleaya cordata*	vivace	2,50 m	juillet-août	1 m	soleil à mi-ombre	profond et frais
Mahonia	*Mahonia*	arbuste	1,50-2 m	janvier-mars	1-1,50 m	soleil ou mi-ombre	ordinaire et frais, bien drainé
Marguerite	*Leucanthemum*	vivace	40-100 cm selon variété	juillet-septembre	40 cm	plein soleil	ordinaire
Massette	*Typha latifolia*	vivace aquatique	2 m	juillet-août	prof. d'eau 10-20 cm	plein soleil	ordinaire à acide
Mélianthus	*Melianthus*	arbuste	1,50-3 m	juin-août	1 m	plein soleil	riche
Métaséquoia	*Metasequoia glyptostroboides*	conifère	15-20 m	caduc	10 m	soleil	profond et frais
Mimosa	*Acacia 'Clair de Lune'*	arbuste	2-4 m	juin-août	1 m	plein soleil	ordinaire et bien drainé
Miscanthus	*Miscanthus sinensis*	graminée	1,50-2 m	août-décembre	60 cm	plein soleil	léger à sec
Monarde	*Monarda*	vivace	80-90 cm	juin-octobre	40 cm	soleil ou mi-ombre	ordinaire et frais
Monnaie-du-pape	*Lunaria annua*	bisannuelle	80-100 cm	mai-juin	30-40 cm	soleil ou mi-ombre	léger
Muflier	*Antirrhinum*	annuelle	20-100 cm selon variété	juin-octobre	20-40 cm	plein soleil	riche, léger et bien drainé
Muehlenbeckia	*Muehlenbeckia complexa*	arbuste retombant ou grimpant	3-4 m	semi-persistant	1 m	soleil	ordinaire
Muscari	*Muscari*	bulbe	15-25 cm	mars-avril	20 cm	plein soleil	ordinaire
Myosotis du Caucase	*Brunnera macrophylla*	vivace	40 cm	mars-avril	40 cm	mi-ombre ou ombre	frais et profond
Myrte	*Myrtus communis*	arbuste	1,50-2 m	juin-août	80-100 cm	soleil ou mi-ombre	ordinaire et frais
Myrtille d'Amérique	*Vaccinum corymbosum*	arbuste	50-100 cm	mai-juin	80-100 cm	mi-ombre ou ombre	frais et acide
Narcisse	*Narcissus*	bulbe	30-40 cm	mars-avril	20-30 cm	plein soleil	riche et frais
Nénuphar	*Nymphea* hyb.	vivace aquatique	15 cm	mai-septembre	prof. d'eau 40-90 cm	plein soleil	riche
Népéta	*Nepeta fassennii*	vivace	25-50 cm selon variété	mai-octobre	40 cm	plein soleil	ordinaire à sec et caillouteux
Noisetier	*Corylus avellana, C. maxima*	arbuste	2-3 m	février, caduc	1-1,50 m	soleil ou mi-ombre	ordinaire ; supporte le calcaire
Œnothère (ou onagre)	*Œnothera biennis*	bisannuelle	40-50 cm	juin-septembre	50 cm	soleil ou mi-ombre	ordinaire à pauvre ; supporte le calcaire
Onagre rose	*Œnothera rosea*	vivace	30-50 cm	mai-août	50 cm	plein soleil	ordinaire et meuble
Oranger du Mexique	*Choisya ternata*	arbuste	1,50 m	avril-mai, persistant	80-150 cm	soleil	ordinaire
Oreille-d'ours	*Stachys byzantina,* syn. *S. lanata*	vivace	30-40 cm	juin-juillet	40 cm	plein soleil	bien drainé à sec et pauvre
Origan	*Origanum vulgare*	vivace	15-50 cm selon variété	juillet-octobre	40 cm	plein soleil	ordinaire et bien drainé
Orge à crinière	*Hordeum jubatum*	graminée	40-50 cm	juin	30-40 cm	soleil	ordinaire
Panicum	*Panicum*	graminée	1-1,50 m selon espèce	juillet-septembre	60-80 cm	soleil ou mi-ombre	riche et profond
Pavot	*Papaver orientale*	vivace	60-120 cm	mai-juillet	50 cm	plein soleil	ordinaire et profond

Nom français	Nom latin	Caractère	Hauteur	Floraison/ persistance	Distance de plantation	Exposition	Sol
Pennisetum	*Pennisetum alopecuroides*	graminée	50-120 cm selon variété	août-octobre	80-100 cm	plein soleil	ordinaire et poreux
Pensée	*Viola* x *wittrockiana*	bisanuelle	15-20 cm	avril-septembre	20 cm	soleil ou mi-ombre	ordinaire
Persicaire	*Persicaria amplexicaulis*	vivace	1-1,20 m	juillet-septembre	60 cm	soleil ou mi-ombre	léger, ordinaire et frais
Pétasite	*Petasites japonicus* var. *giganteus*	vivace	80-150 cm	mars-avril	60-70 cm	mi-ombre	frais à humide
Phalaris	*Phalaris arundinacea*	graminée	60-100 cm	mai-juin	50 cm	plein soleil	ordinaire et humide
Photinia	*Photinia* x *fraseri*	arbuste	2,50-3 m	persistant	1 m en haie	soleil	fertile, non calcaire
Pied-d'alouette (ou delphinium)	*Delphinium*	vivace	1-1,60 m selon espèce	mai-septembre	60 cm	plein soleil	profond et riche
Pittosporum	*Pittosporum tobira, P. tenuifolium*	arbuste	2-4 m selon taille pratiquée	avril-mai, persistant	80-120 cm en haie	plein soleil	ordinaire à riche et bien drainé
Pittosporum nain	*Pittosporum tobira 'Nana'*	arbuste	60 cm	avril-mai, persistant	80-120 cm en haie	plein soleil	ordinaire à riche et bien drainé
Pivoine	*Paeonia*	vivace	80-120 cm selon espèce	mai-juillet	80-100 cm	plein soleil	riche et bien drainé
Plantain	*Plantago major*	vivace	20 cm	juillet-août	20 cm	soleil ou mi-ombre	léger et frais
Poirier à feuilles de saule	*Pyrus salicifolia*	arbuste	6-12 m	avril-mai	1,50-3 m selon usage	soleil non brûlant	ordinaire à sec et sans calcaire
Pontédérie	*Pontederia cordata*	vivace aquatique	50 cm	juin-août	prof. d'eau 20-30 cm	plein soleil	ordinaire
Primevère	*Primula*	vivace	60 cm	mai-juillet	50 cm	soleil, mi-ombre	ordinaire, frais à humide
Puschkinia	*Puschkinia*	bulbe	5-10 cm	avril	10-15 cm	mi-ombre	léger et frais
Rodgersia	*Rodgersia pinnata*	vivace	1 m	juin-juillet	60 cm	mi-ombre ou ombre	profond, riche et frais
Rhododendron	*Rhododendron*	arbuste	50 cm-3 m selon espèce	mars-juin selon espèce	1-2,50 m	mi-ombre	riche, acide et frais
Robinier	*Robinia pseudoacacia*	arbre	20-25 m	juin	15 m	soleil	ordinaire à pauvre
Ronce d'ornement	*Rubus thibetanus, R. cockburnianus*	arbuste	1,50-3 m	juin	40-50 cm	soleil ou mi-ombre	ordinaire à pauvre
Rosier botanique	*Rosa gallica officinalis*	arbustif	1,20-1,50 m	juin	1 m	soleil	riche et bien drainé
Rosier botanique	*Rosa glauca*	arbustif	1,50-2,50 m	juin	1,50 m	soleil	riche et bien drainé
Rosier 'American Pillar'	*Rosa*	liane	6-8 m	juin	2 m	soleil	riche et bien drainé
Rosier 'Cornelia'	*Rosa*	arbustif	1,50 m	mai-juin, remontant en automne	1,50 m	soleil	riche et bien drainé
Rosier 'Dorothy Perkins'	*Rosa*	grimpant	5-6 m	mai-juin	2,50 m	soleil	riche et bien drainé
Rosier 'Fée des Neiges'	*Rosa*	buisson ou arbustif	1-1,50 m	juin-octobre	80 cm	soleil ou mi-ombre légère	riche et bien drainé
Rosier 'Ghislaine de Féligonde'	*Rosa*	arbustif ou grimpant	3-4 m	juin, remontant en septembre-octobre	2,50 m	soleil	riche et bien drainé
Rosier 'Kew Rambler'	*Rosa*	liane	6-10 m	juin-juillet	3 m	soleil	riche et bien drainé
Rosier 'Mme Alfred Carrière'	*Rosa*	grimpant	4-5 m	mai-juin, remontant en sept.-nov.	2 m	soleil ou mi-ombre légère	riche et bien drainé
Rosier 'Maria Lisa'	*Rosa*	liane	4-6 m	juin	2 m	soleil	riche et bien drainé
Rosier 'New Dawn'	*Rosa*	grimpant	4-5 m	juin-septembre	2 m	soleil	riche et bien drainé
Rosier 'Paul's Himalayan Musk'	*Rosa*	liane	6-10 m	juin-juillet	2,50 m	soleil	riche et bien drainé
Rosier 'Psyché'	*Rosa*	grimpant	3-4 m	mai-juin	2 m	soleil	riche et bien drainé
Rosier 'Raubritter'	*Rosa*	couvre-sol	1 m	mai-juin	2 m	soleil	riche et bien drainé
Sagittaire	*Sagittaria sagittifolia*	vivace aquatique	60 cm	juin-août	prof. d'eau 0-30 cm	soleil ou mi-ombre	ordinaire

Nom français	Nom latin	Caractère	Hauteur	Floraison/ persistance	Distance de plantation	Exposition	Sol
Santoline	*Santolina chamaecyparissus*	arbuste	50 cm	juillet-août	plein soleil	30-50 cm	ordinaire à maigre et caillouteux
Sauge	*Salvia nemerosa*	vivace	40-70 cm	juin-septembre	40 cm	plein soleil	ordinaire à pauvre ; supporte la sécheresse
Sauge officinale	*Salvia officinalis*	vivace	60 cm	mai-juin	40 cm	plein soleil	ordinaire à pauvre
Sauge sclarée	*Salvia sclarea*	vivace	1 m	juin-août	60 cm	plein soleil	ordinaire
Saule blanc	*Salix alba*	arbre	4-20 m selon taille pratiquée	caduc	1,50-10 m selon usage	plein soleil	ordinaire et frais
Saule pleureur	*Salix babylonica*	arbre	10-12 m	caduc	10 m	plein soleil	ordinaire à lourd et humide
Saxifrage « désespoir du peintre »	*Saxifraga* x *urbium*	vivace	30-70 cm	avril-juin	50 cm	soleil en sol frais ou mi-ombre	ordinaire et frais
Sedum	*Sedum*	vivace	5-50 cm selon espèce	mai-octobre selon espèce	10-40 cm	plein soleil	ordinaire et bien drainé à sec
Solanum	*Solanum crispum*	grimpant	10 m	juillet-septembre	1 m	plein soleil	humifère, frais et bien drainé
Spirée	*Spiraea japonica*	arbuste	80-100 cm	avril-mai	60-80 cm	plein soleil	riche et frais
Stauntonia	*Stauntonia hexaphylla*	grimpante	5-10 m	avril-mai	3 m	soleil ou mi-ombre	fertile et riche en humus
Stewartia	*Stewartia pseudocamellia*	arbuste ou arbre	4-10 m	juin	3-5 m	mi-ombre	frais et légèrement acide
Stipa	*Stipa tenuifolia*	graminée	50 cm	juillet-août	50-60 cm	soleil	ordinaire à sec et caillouteux
Sumac	*Rhus radicans*	arbuste	50 cm	juin	60 cm	soleil	ordinaire
Thym commun	*Thymus vulgaris*	arbuste	20 cm	juin-août	20-25 cm	plein soleil	léger à pauvre
Tilleul	*Tilia*	arbre	8-12 m	juin-juillet	1-5 m selon usage	soleil	ordinaire et profond
Trachélium	*Trachelium caeruleum*	vivace cultivée en annuelle	1-1,20 m	juillet-septembre	30-40 cm	soleil	bien drainé
Tradescantia	*Tradescantia*	vivace	40 cm	mai-septembre	40 cm	soleil ou mi-ombre	ordinaire et frais
Trèfle	*Oxalis*	bulbe	10-20 cm selon espèce	juin-août	20 cm	soleil	ordinaire à léger
Troène	*Ligustrum delavayanum*	arbuste	1,50-2,50 m	juin-juillet	60-100 cm	soleil	ordinaire
Tulipe	*Tulipa* hyb.	bulbe	20-50 cm	mars-mai selon variété	25-30 cm	plein soleil	ordinaire à léger
Valériane	*Centranthus ruber*	vivace	60-100 cm	mai-septembre	40 cm	plein soleil	ordinaire à pauvre
Verveine de Buenos Aires	*Verbena bonariensis*	vivace	1,20 m	juillet-octobre	40 cm	plein soleil	ordinaire, même sec
Vigne à fruits	*Vitis vinifera*	grimpante	2-5 m selon taille pratiquée	caduque	2 m	plein soleil	sol bien drainé, même pauvre et sec
Vigne d'ornement	*Vitis coignetiae*	grimpante	5-15 m	caduque	1,50 m	plein soleil	sol bien drainé
Vigne vierge	*Partenocissus tricuspidata*	grimpante	10-15 m	caduque	1,50 m	plein soleil	sol riche, profond et humide
Violette cornue	*Viola cornuta*	vivace	15-20 cm	avril-septembre selon variété	30 cm	mi-ombre	ordinaire à frais
Viorne	*Viburnum davidii*	arbuste	50-60 cm	juin, persistant	1 m	soleil ou mi-ombre	ordinaire, frais et bien drainé
Vipérine	Echium pininana	vivace ou bisannuelle	2-4 m	mai-juillet	50 cm	plein soleil	léger, profond et bien drainé
Yucca	*Yucca rostrata*	arbuste	2-4 m	juin-août, persistant	1 m	plein soleil	léger et bien drainé
Zinnia	*Zinnia*	annuelle	15-40 cm selon espèce	mai-septembre	30 cm	plein soleil	profond et bien drainé

Les jardins et les paysagistes

Les jardins

- **L'Albarède**
  Brigitte & Serge Lapouge
  24250 Saint-Cybranet
  pp. 14, 128-129
- **Arboretum de la Sédelle**
  M. et Mme Wanty, Villejoint
  23160 Crozant
  pp. 144, 146 haut, 147 haut
- **Bambouseraie de Prafrance**
  Yves Crouzet
  30140 Générargues
  pp. 142 haut et bas
- **Gisèle & Gérard Besana**
  103, avenue de Landon
  39100 Dole
  pp. 76 bas, 91 haut
- **La Casella**
  pp. 22, 90 haut, 102 bas, 106
- **Château de Digeon**
  Lidwine & Bruno Goisque
  7, rue du Coq-Gaulois
  80290 Morvillers-Saint-Saturnin
  p. 102 haut
- **Château de Val Joanis**
  Famille Chancel
  84120 Pertuis
  p. 104
- **Château de Walenburg**
  près de Langbroek (Doorn)
  Pays-Bas
  p. 48 haut
- **Le Clos du Coudray**
  Jean Le Bret
  76850 Étaimpuis
  p. 61 bas
- **Le Clos du Peyronnet**
  William Waterfield
  avenue Aristide-Briand
  06500 Menton
  p. 134 haut
- **Domaine de Sasnières**
  Famille Henrion
  Le Château
  41310 Sasnières
  p. 20 bas
- **Le Grand Courtoiseau**
  MM. Dussordet & Herdebeau
  45220 Triguères
  p. 24 bas
- **Helen Dillon's garden**
  45 Sandford road
  Ranelargh, Dublin 6
  Irlande
  p. 46
- **Le Jardin d'Anne-Marie Grivaz**
  2, rue du 8-Mai 1945
  91510 Lardy
  p. 43
- **Jardin d'Annie Decker**
  Pays-Bas
  p. 27
- **Jardins et village d'Apremont**
  18150 Apremont-sur-Allier
  pp. 21 milieu, 34 droite
- **Jardins de Cadiot**
  Famille Decottignies
  Camp Redon
  24370 Carlux
  p. 16 bas
- **Jardin de Dina Deferme**
  Beuzestraat 64
  3511 Stokrooie,
  près d'Hasselt
  Belgique
  pp. 16 haut, 49, 50 haut, 52
- **Jardin François**
  Gérard François
  61340 Préaux-du-Perche
  pp. 53 bas, 57 bas, 63, 65
- **Jardin des Lianes**
  Eliane Lebel
  8, rue des Capucins
  62140 Chériennes
  p. 30
- **Jardins de Maizicourt**
  Catherine Guévenoux
  80370 Maizicourt
  pp. 33, 34 gauche, 50 bas
- **Jardin de la Pellerine**
  Sylvie & Alain Douinot
  53220 La Pellerine
  p. 53 haut
- **Jardin de Piet Oudolf**
  Broekstraat
  6999 DE Hummelo
  Pays-Bas
  pp.100, 116, 118 bas
- **Jardin du Rayol**
  avenue des Belges
  83820 Le Rayol-Canadel
  p. 99 haut et bas gauche
- **Jardins secrets de Lagnat**
  Famille Moumen, Vaulx
  74150 Rumilly
  p. 42 bas
- **Le Jardin de Sonja Gauron**
  5, rue de la Martinerie
  78610 Le Perray-en-Yvelines
  pp. 24 haut, 26 haut
- **Kerdalo**
  Isabelle Wolkonsky-Vaughan
  Trédarzec
  22220 Tréguier
  p. 56 haut
- **La Louve**
  Judith Pillsbury
  84480 Bonnieux
  pp. 114-115
- **Le Paradis**
  Guy & Chantal Thénot
  5, rue du 44e R.I.
  45150 Jargeau
  pp. 10 haut, 32, 77
- **Parc national de Glenveagh**
  Church Hill,
  près de Letterkenny
  Comté Donegal, Irlande
  p. 88
- **La Petite Rochelle**
  Hélène d'Andlau
  22, rue du Prieuré
  61110 Rémalard
  pp. 48 bas, 60
- **Prieuré d'Orsan**
  Patrice Taravella & Sonia Lesot
  18170 Maisonnais
  p. 132 haut
- **Sissinghurst Castle gardens**
  près de Cranbrook
  TN17 2AB, Kent
  Grande-Bretagne
  p. 51

Les paysagistes-concepteurs

- **Jacques Courtens**
  Riet 69
  9190 Stekene, Belgique
  p. 109
- **Didier Fogaras, Créa-paysage**
  Lannenec
  56270 Ploemeur
  p. 21 haut
- **Michel Gesret**
  Trovern Braz
  22560 Trébeurden
  pp. 28-29
- **Bernard Muller**
  24, rue Léon-Jolly
  51120 Sezanne
  p. 91 bas
- **Camille Muller**
  211, rue du Faubourg-Saint-Antoine
  75011 Paris
  p. 72
- **Jean Mus**
  16, rue Frédéric-Mistral
  06530 Cabris
  pp. 71 bas, 74 haut
- **Piet Oudolf**
  Broekstraat
  6999 DE Hummelo
  Pays-Bas
  pp.100, 116, 118 bas
- **Walda Pairon**
  Kapellensteenweg 544
  2180 Heide-Kalmthout
  Belgique
  p. 75 bas
- **Michel Semini**
  rue Saint-Frusquin
  84220 Goult
  pp. 25 haut, 44 haut, 94-95, 108 bas
- **Jacques Wirtz**
  Botermelkdijk 464
  2900 Schoten
  Belgique
  pp. 74 bas, 93 haut

Index

CHAPITRE IX

PROPHYLACTION

LA GESTION DES BLESSURES COURANTES DU SPORTIF

« Dans la conception hippocratique de la médecine, il y a l'idée que c'est le moment de la crise qui permet le diagnostic, le moment où les symptômes apparaissent eux-mêmes évidents pour pouvoir dire c'est la grippe, c'est le choléra. Mais le bon médecin voit des signes faibles avant que les symptômes soient très clairs. Il y a toute une connaissance à développer à partir de l'étude des signaux faibles qui sont des indicateurs de vitalité et de créativité ou bien de déclin et de mort »

Edgar Morin (1)

Prophylaction est un guide destiné à tous, homme ou femme, peu importe votre niveau athlétique et les disciplines que vous pratiquez. Vous pouvez également l'utiliser même sans activité physique ou sportive.

OBJECTIFS DE PROPHYLACTION

Nous partons du constat suivant, beaucoup de personnes :

- souffrent de **douleurs plus ou moins anciennes et installées,**
- font **l'expérience de la douleur en se blessant ponctuellement**
- se persuadent **que la douleur est nécessaire pour progresser en musculation**

Dans chaque cas, la croyance que la douleur va systématiquement passer de manière spontanée, sans rien faire, ou qu'elle n'aura aucune conséquence à long terme sur la santé est encore très présente. Et se reposant sur cette **prémisse fausse**, un grand nombre de ces personnes ne consulte pas leur médecin ou les spécialistes compétents qui pourraient pourtant apporter une solution à leur problème. Et pire encore, certains cherchent à occasionner ces douleurs lors de leurs entraînements.

C'est pourquoi il nous semble indispensable, dans un ouvrage dont les thèmes centraux sont **la reconnexion à soi et la lutte contre l'entropie**, d'intégrer un chapitre interactif qui amène progressivement le pratiquant à découvrir l'importance de retrouver ou conserver un organisme sans douleurs chroniques.

Avec Prophylaction, nos objectifs sont de :

1) Vous sensibiliser et responsabiliser à l'importance de ne pas conserver une ou plusieurs douleurs trop longtemps, de toujours chercher à retrouver votre zone de confort biomécanique au plus vite. Ce qui nécessite parfois de retrouver votre zone de confort psychique au préalable, comme nous le verrons.

2) Vous faire participer activement à la résolution de votre problème pour favoriser le changement par l'apprentissage (2-4) à travers l'action.

3) Vous apporter les informations élémentaires sur les pathologies les plus courantes que vous êtes susceptibles de rencontrer lors d'une activité physique ou dans la vie de tous les jours. **Vous augmentez ainsi votre stock de réponses disponibles** et devenez plus efficient dans votre lutte contre l'entropie.

4) **Vous proposer des solutions qui ont fait leurs preuves** empiriquement, cliniquement et scientifiquement pour un certain nombre de problèmes de la vie courante.

5) **Vous montrer pourquoi l'état d'esprit « No Pain No Gain[1] » n'est vraiment pas une solution adéquate sur le long terme** pour votre progression physique et votre épanouissement.

MODE D'EMPLOI

Vous êtes **blessé léger**, vous avez une **douleur récente ou ancienne** et vous aimeriez savoir comment agir de la meilleure façon pour récupérer rapidement ? La série de tests ci-dessous va vous y aider.

Si vous connaissez déjà la nature de votre problème, rendez-vous à la partie **CODEX DES PATHOLOGIES, p.514.** Sinon, passez au **TEST 1** p. 489.

Si vous voulez juste évaluer votre degré d'**inhibition de l'action** et de **sensibilisation de votre Système Nerveux central**, passez au TEST 5 p. 506.

Si vous voulez en savoir plus sur l'inhibition de l'action, la sensibilisation centrale et les douleurs en général, lisez, pour commencer, l'introduction sur les différents types de douleur ci-dessous.

NB : Pensez à noter sur une feuille, le résultat des tests que vous allez passer et qui vont vous conduire à une des entrées du Codex où vous trouverez les informations relatives aux hypothèses concernant votre problème. Vous aurez également besoin d'une feuille vierge et d'au moins deux stylos ou crayons de couleurs différentes.

/!\ Ce chapitre ne constitue en aucun cas un diagnostic médical, ni un manuel d'automédication et ne remplace pas l'avis d'un médecin ou d'un spécialiste. L'auteur ne pourra en aucun cas être tenu pour responsable d'une mauvaise interprétation des recommandations de ce chapitre. Si vous avez le moindre doute quant aux symptômes que vous présentez, consultez votre médecin. /!

1. L'attitude No Pain No Gain est la croyance fausse mais très répandue que l'on n'obtient pas de résultats sans sortir de zone de confort, sans douleur ni sacrifice. Lire à ce sujet l'article d'Olivier Lafay : « No Pain No Gain, une phrase remarquée »

SENSIBILISATIONS ET DOULEURS

Définition de la douleur par l'IASP (Association Internationale pour l'étude de la douleur) : « La douleur est une expérience sensorielle et émotionnelle désagréable, associée à une lésion tissulaire réelle ou potentielle ou décrite dans des termes impliquant une telle lésion. »

Dans le cadre du travail de reconnexion à soi proposée par Sybernetics, il est important de vous exposer ici les données fondamentales les plus élémentaires sur les mécanismes de la douleur qui se produisent en vous. En effet, il a été démontré **qu'une bonne compréhension de ces mécanismes permettait une meilleure gestion de la douleur ainsi qu'une meilleure prise en charge thérapeutique (5).** Il serait bête de se priver de ce savoir, non ?

A. SENSIBILISATION PÉRIPHÉRIQUE ET SENSIBILISATION CENTRALE

Il faut comprendre que la douleur est une sensation désagréable construite par le cerveau à partir de phénomènes neurophysiologiques et neuro-hormonaux complexes. Elle est essentielle au fonctionnement normal de votre organisme et votre cerveau est capable d'en moduler l'intensité selon les circonstances. **Il existe donc une fonction de la douleur dans votre système nerveux, la nociception**.

> **La douleur doit toujours être considérée comme un signal d'alarme traduisant une atteinte tissulaire ou un dysfonctionnement de votre organisme.**[2]

Le système nociceptif repose sur deux mécanismes principaux, la sensibilisation périphérique et la sensibilisation centrale.

La sensibilisation est la capacité de l'organisme à devenir plus sensible aux stimuli internes ou externes.

2. On peut distinguer deux niveaux d'alarme. Le premier niveau résulte du fonctionnement normal de la nociception, il vous prévient d'une lésion tissulaire réelle ou potentielle. Le second niveau résulte du dysfonctionnement de la nociception elle-même, la douleur doit alors être interprétée comme un signal traduisant un dysfonctionnement entre plusieurs de vos sous-systèmes.

Lorsque vous vous blessez, la région autour de la lésion tissulaire va progressivement se sensibiliser. Si vous vous coupez légèrement par exemple, votre peau va progressivement rougir autour de la plaie en quelques minutes. Les tissus réagissent spontanément à la blessure en sécrétant diverses substances et en créant une réaction inflammatoire.

Puis, la zone sensibilisée va progressivement s'agrandir autour de la plaie au fil des heures. Cela traduit **une sensibilisation centrale qui a pour fonction de modifier votre comportement** : protection et massage de la zone lésée, attitude antalgique, mémorisation de l'événement et dans certains cas, demande d'aide.

Lorsque votre organisme finit de guérir de cette lésion initiale, les phénomènes de sensibilisations périphérique et centrale disparaissent naturellement.

Comme nous allons le voir, c'est sur la base de ces deux mécanismes de la nociception que s'établit la classification des différentes douleurs.

B. DOULEURS NOCICEPTIVE, NEUROPATHIQUE ET NOCIPLASTIQUE

On catégorise les douleurs en fonction des mécanismes de sensibilisation que nous venons de décrire.

Les douleurs liées principalement à la sensibilisation périphérique sont appelées **douleurs nociceptives.** Il s'agit des douleurs liées à une atteinte tissulaire directe qui met en jeu les récepteurs nerveux de la douleur, les nocicepteurs. Les douleurs qui résultent d'un coup, d'une coupure, d'une brûlure, d'une entorse, ... sont des douleurs nociceptives.

Les douleurs liées principalement à la sensibilisation centrale sont appelées **douleurs nociplastiques**. Il s'agit de douleurs liées à la perturbation du fonctionnement normal du mécanisme de sensibilisation centrale. La fibromyalgie, l'algodystrophie, la douleur du membre fantôme sont des exemples de douleurs nociplastiques, tout comme certaines douleurs liées à la mémoire traumatique et à l'inhibition de l'action.

Les douleurs liées aux deux mécanismes de sensibilisation sont appelées **douleurs neuropathiques**. Il s'agit des douleurs liées à une lésion ou une perturbation du système nerveux somatosensoriel. Les douleurs d'une névralgie sciatique, crurale ou intercostale sont des douleurs neuropathiques.

Mécanisme	Sensibilisation périphérique		Sensibilisation centrale
Type de douleur	Douleur nociceptive	Douleur neuropathique	Douleur nociplastique

L'encéphale construit la sensation douloureuse nociceptive à partir des informations nerveuses qui lui parviennent de la zone tissulaire lésée ou supposée telle (1-3). C'est parce que la douleur est une construction cérébrale qu'une modulation de son intensité est possible. Il existe donc des systèmes excitateurs et inhibiteurs de la douleur. Si vous êtes en danger et que vous luttez pour votre survie, votre cerveau peut inhiber complètement certaines sensations douloureuses le temps de vous tirer d'affaire. A l'inverse, le cerveau peut créer une sensation douloureuse de toute pièce à partir d'interprétations erronées de la réalité d'une situation (effet nocebo (7)). Vos croyances sont alors responsables des douleurs que vous ressentez sans aucune lésion tissulaire.

C'est pourquoi, à côté de la **douleur nociceptive** qui résulte d'une lésion tissulaire directe activant les récepteurs de la douleur, il existe deux autres catégories de douleurs qui résultent chacune d'un dysfonctionnement des structures nerveuses véhiculant ou modulant l'information nociceptive.

La première résulte de la perturbation des voies nerveuses de la nociception et de la sensibilité générale consécutive à une lésion (destruction, compression) des systèmes nerveux central et périphérique (nerf, racine, ganglion, moëlle spinale, encéphale). C'est la **douleur neuropathique**.

La deuxième résulte de la perturbation des capacités de modulation centrale (cérébrale) de la nociception. Comme ce processus est directement lié à la neuroplasticité cérébrale, on parle de **douleur nociplastique.**[3] Il est permis par les facteurs favorisants suivants :

- Les facteurs psycho-sociaux tels que la mémoire traumatique (8-10) ou l'inhibition de l'action principalement (11),
- L'état de santé de l'individu (facteurs biologiques), souvent déterminé par les facteurs psycho-sociaux,
- La non-prise en charge d'une douleur nociceptive ou neuropathique initiale.

3. Le concept de Douleur Nociplastique a officiellement été adopté par l'Association Internationale pour l'Etude de la Douleur (IASP) pour désigner la troisième catégorie des phénomènes douloureux cliniquement observables. Ce concept vient donc remplacer et actualiser les notions de Syndrome Douloureux Chronique, Processus Douloureux Centralisé de Maladaptation ou encore de douleur psychogène. Ce nouveau terme ne fait pas l'unanimité et le terme « Douleur centralisée » (« centralized pain »), parmi d'autres, est encore beaucoup employé. (https://www.painresearchforum.org/news/92059-whats-name-chronic-pain)

Cela signifie que même des douleurs chroniques nociceptives et neuropathiques peuvent évoluer spontanément et rapidement vers la douleur nociplastique si la personne ne les prend pas en charge par négligence ou impossibilité (absence de solutions efficaces), si son état de santé est dégradé et/ou s'il existe des facteurs psycho-sociaux favorisants.[4]

Or, la douleur nociplastique, dont nous verrons les caractéristiques plus loin, est un véritable fardeau car **elle vient perturber le psychisme même de l'individu avec laquelle elle s'intrique,** bien plus profondément que certaines douleurs nociceptives ou neuropathiques.

En effet, comme le système nociceptif fonctionne en interrelation étroite avec le système limbique et le cortex cérébral[5], une douleur qui dure entraîne très souvent une modification de l'état émotionnel et du comportement de l'individu. Il est fréquent, par exemple, d'observer un cercle vicieux (une boucle de rétroaction positive) dit de peur-évitement (12). Par crainte de déclencher les douleurs dont il souffre, un individu peut se limiter dans sa mobilité, ses activités. Cette crainte vient malheureusement renforcer la douleur qui, en retour, réduit encore plus l'expression psychomotrice de l'individu. Ce dernier peut alors progressivement dériver vers la prostration ou la dépression.

Si ce comportement peut rapidement s'améliorer lorsque l'on traite efficacement la cause d'une douleur nociceptive ou neuropathique devenue chronique, il n'en va pas de même pour une douleur nociplastique vraie. En effet, dans ce cas, la perturbation de la sensibilisation centrale est bien plus profonde et nécessite une rééducation cérébrale.

> **Comme l'individu a appris à avoir mal, il faut maintenant qu'il désapprenne à avoir mal.**

Devant la gravité d'un tel mécanisme algogène[6], la douleur nociplastique nécessite donc une prise en charge particulière avec différents thérapeutes et un travail personnel important pour agir tant sur les douleurs initiales qui ont conduit à la nociplasticité que sur les facteurs psycho-sociaux qui l'ont favorisé. Et comme il existe un lien étroit entre cette douleur, la mémoire traumatique et l'inhibition de l'action, les outils présentés dans Sybernetics sont tout à fait indiqués pour vous aider dans cette tâche.

4. Les facteurs psycho-sociaux tels que la mémoire traumatique ou l'inhibition de l'action sont d'ailleurs très souvent responsables d'un état de santé dégradé et de la négligence qui fait qu'un individu ne cherche pas à prendre en charge une douleur même lorsque celle-ci le handicape quotidiennement. Voir les études citées pour en savoir plus (8-11).

5. Le système limbique et le cortex cérébral sont deux structures cérébrales participant, entre autres, à la régulation des émotions et du comportement.

6. Algogène : qui cause une douleur

L'outil Prophylaction va d'ailleurs vous guider pas à pas pour identifier les caractéristiques des douleurs dont vous souffrez et vous donner les informations nécessaires à l'amélioration de votre état et, nous l'espérons, à votre guérison.

En résumé :

La douleur nociceptive	La douleur neuropathique	La douleur nociplastique
Douleur causée par une lésion réelle ou potentielle d'un tissu autre que nerveux et déclenchée par l'activation des nocicepteurs (traduit d'après la définition de l'IASP).	Douleur causée par une lésion ou un trouble du système nerveux somatosensoriel (traduit d'après la définition de l'IASP).	Douleur causée par une altération de la nociception sans preuve d'une lésion tissulaire réelle ou potentielle ni d'une lésion ou d'un trouble du système nerveux somatosensoriel (traduit d'après la définition de l'IASP).
Sensibilisation périphérique	**Sensibilisations périphérique et centrale**	**Sensibilisation centrale**
La douleur est localisée sur un territoire précis correspondant à un traumatisme initial facilement identifiable (coup, choc, chute, …) et résulte de l'activation des récepteurs à la douleur (nocicepteurs). NB : la douleur viscérale résultant d'une activation des nocicepteurs du viscère (ex : appendicite) est une douleur nociceptive.	La douleur est localisée sur un territoire moins précis, souvent vaste et associée à des troubles sensitifs (fourmillement, chaud, froid, …). Elle peut survenir sans traumatisme apparent.	Il y a plusieurs douleurs diffuses, migrantes, étendues, survenant sans causes apparentes et échappant aux règles classiques des douleurs simples. Elles sont accompagnées d'une hypersensibilité générale faites de nombreux points douloureux, d'un état émotionnel très fragilisé et d'une hyper-sensorialité[7]. Ajoutons à cela de très fréquentes douleurs viscérales abdomino-pelviennes associées.[8]
Signal d'alarme « de niveau I »	**Signal d'alarme « de niveau II »**	**Signal d'alarme « de niveau II »**
Ex : Entorse de cheville, coupure, piqûre, brûlure	Ex : névralgie, sciatalgie, cruralgie	Ex : Fibromyalgie, algodystrophie, colopathie fonctionnelle (13)

7. Hyper-sensorialité : hypersensibilité à la lumière, au bruit, à certaines odeurs et saveur, …

8. L'association fréquente entre inhibition de l'action et douleurs nociplastiques expliquent, entre autres, la présence de ces douleurs viscérales abdominopelviennes. Les modifications organiques liées à l'état d'inhibition de l'action entraînent un arrêt ou un ralentissement du fonctionnement des systèmes digestif, urinaire et reproducteur (car non utiles à la résolution des causes du stress). Plus cet état va durer et plus le fonctionnement de ces systèmes va être perturbé et entraîner des manifestations cliniques plus ou moins importante en fonction de l'individu. Souvent, c'est la perception même de ces sensations viscérales qui est refoulée et ignorée par l'individu (voir Chapitre Pour une Beauté Athlétique Durable, p. 27) (11).

C. L'ÉVOLUTION DE LA DOULEUR DANS LE TEMPS

Il est également très important de tenir compte de l'évolution de la douleur dans le temps. C'est pourquoi, la classification précédente des douleurs doit être enrichie d'une classification temporelle. Celle-ci existe déjà en médecine et se divise arbitrairement[9] en trois parties :

La douleur est considérée comme :

- **Aiguë** lorsque sa durée est inférieure à **3 semaines**.
- **Subaiguë** lorsque sa durée est comprise entre **3 semaines et 3 mois**.
- **Chronique** lorsque sa durée est supérieure à **3 mois**.

Une telle classification permet d'y voir plus clair lorsque l'on cherche à faire le tri dans les différentes douleurs dont nous souffrons.

En effet, il faut bien comprendre que plus une douleur nociceptive ou neuropathique va durer (elle va devenir chronique), plus il y a de risque qu'elle affecte **votre état émotionnel, cognitif ou relationnel**. Dans certains cas, lorsque la sensibilisation centrale est perturbée au préalable (par la mémoire traumatique ou l'inhibition de l'action par exemple), cette simple douleur initiale va pouvoir devenir très rapidement une douleur nociplastique.

A l'inverse, certaines personnes pourront croire à tort qu'elles souffrent d'une douleur nociplastique alors qu'en fait, elles présentent une somme de douleurs nociplastiques et/ou neuropathiques plus ou moins anciennes altérant l'état émotionnel et cognitif. Traitées efficacement une par une, ces douleurs disparaissent facilement et l'individu retrouve rapidement la santé. On peut néanmoins questionner les raisons qui ont amené cette personne à laisser toutes ces douleurs s'installer progressivement.

Parfois, une douleur nociceptive ou neuropathique isolée devient chronique et dure des années sans affecter l'état émotionnel et cognitif de l'individu (14). Pour autant, il n'y a pas lieu de conserver cette douleur plus longtemps.

Dans d'autres situations, cette même douleur initiale entraîne progressivement l'apparition de nouvelles douleurs qui viennent noircir le tableau. Il y a alors souvent une fra-

9. En effet, cette classification ne repose sur aucun mécanisme biologique qui justifierait cette segmentation si précise en trois étapes. Il faut donc utiliser cette classification avec réserve et une certaine souplesse sur la durée des étapes. Malgré cela nous avons choisi de la conserver pour des raisons didactiques.

gilité latente (une inhibition de l'action, un état de fatigue important, la mémoire traumatique) qui permet d'expliquer cet effet domino.

> **Dans la suite de ce chapitre, nous allons justement vous aider à faire le tri dans vos douleurs pour vous permettre d'y voir plus clair.**

II. TEST 1 : BODYCHART (D'APRÈS M LASLETT) (15–18)

Décalquez ou photocopiez le schéma ci-dessous (disponible sur Internet : tapez BodyChart dans un moteur de recherche) et placez le plus précisément possible votre ou vos douleurs sur celui-ci. Ajoutez, avec vos mots, tous les qualificatifs qui caractérisent vos douleurs (froideur, chaleur, brûlure, picotements, tension, irritation, fatigue, …). Pensez à mettre la date sur votre feuille pour pouvoir comparer l'évolution de vos douleurs dans le temps.

Si vous n'avez rien pour décalquer, photocopier ou si vous n'arrivez pas à redessiner schématiquement le modèle, ce n'est pas grave ; passez cette étape et rendez-vous au **TEST 2**. Notez néanmoins que pour **un travail de reconnexion à vous-même**, cet exercice est très utile. Revenez-y donc dès que vous pouvez.

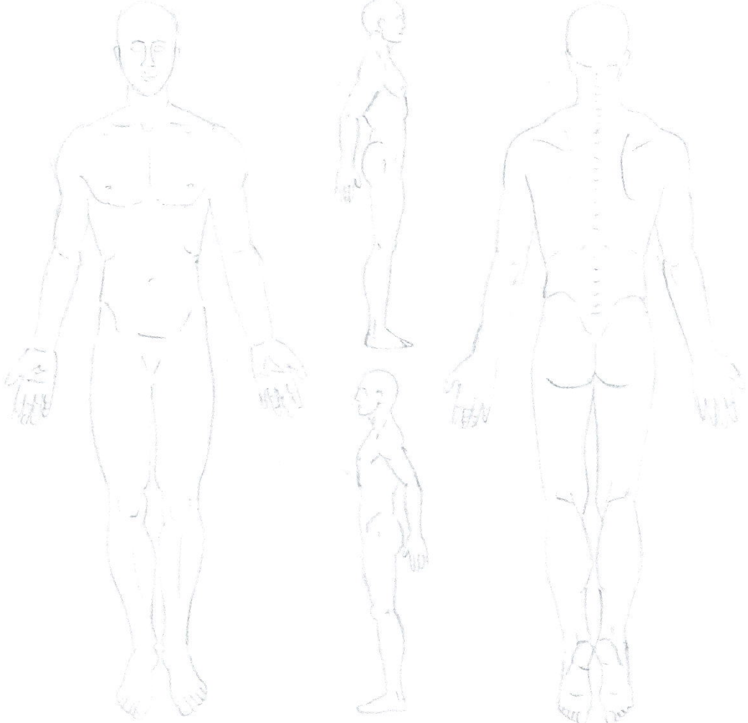

III. TEST 2 – EVALUATION DE LA GRAVITE DU PROBLEME

Si vous vous plaignez de plusieurs douleurs à différents endroits du corps et/ou si ces douleurs n'ont pas la même origine identifiable, répétez ce questionnaire pour chacune d'elles.

(Une seule réponse possible par question)

Q1 – Comment la douleur est-elle apparue ?

1) Après un choc, une chute ou un traumatisme.
2) Après un effort très important.
3) Après un effort modéré ou un faux-mouvement.
4) De manière progressive, sans que je le remarque.

Q2 – Combien de temps s'est-il écoulé entre l'apparition de la douleur et un éventuel événement déclencheur (choc, chute, effort, activité physique, …) ?

1) La douleur est apparue directement pendant le traumatisme, l'effort ou l'activité.
2) La douleur est apparue quelques heures après, à froid par exemple.
3) La douleur est apparue le lendemain au réveil ou dans les jours suivants.
4) La douleur est apparue plus d'une semaine après. Il n'y a pas forcément eu d'événement déclencheur initial.

Q3 – Comment qualifieriez-vous la douleur (notez votre douleur sur une échelle de 0 à 10) ?

1) Elle est insupportable (9 à 10).
2) Elle est très forte (6 à 8).
3) Elle est modérée, supportable (3 à 5).
4) Elle est faible, une simple gêne (0 à 2).

Q4 – Comment évolue cette douleur depuis son apparition ?

1) La douleur est permanente et elle s'aggrave.
2) La douleur est permanente mais stable.
3) La douleur est intermittente mais forte ou modérée.
4) La douleur est intermittente et elle diminue.

Q5 – Depuis combien de temps avez-vous mal ?

1) Quelques heures ou moins.
2) Quelques jours.
3) Quelques mois.
4) Un an ou plus.

Q6 – Arrivez-vous à mobiliser la ou les articulations à proximité de votre blessure ?

1) Non, le mouvement est impossible.
2) Non, le mouvement est très limité.
3) Oui, le mouvement est possible mais douloureux.
4) Oui, le mouvement est possible mais avec une légère douleur ou simple gêne.

Q7 – Arrivez-vous à réaliser vos activités habituelles (travail, sport, loisir, tâches quotidiennes) ?

1) Non, aucune activité n'est possible.
2) La plupart des activités réveillent les douleurs et m'obligent à arrêter.
3) L'activité physique réveille les douleurs mais je les supporte.
4) L'activité physique calme les douleurs ou ne provoque rien.

Q8 – Comment se présente votre blessure visuellement ?

1) Plaie qui saigne / œdème et/ou hématome très étendu) / os qui semble ressortir.
2) Petite plaie / œdème et/ou hématome étendus / bosse volumineuse et dure.
3) Pas de plaie mais œdème et/ou hématome modérés.
4) Pas de plaie mais œdème et/ou hématome discret, voire absent.

Q9 – Est-ce que certaines positions ou la prise d'antalgiques (ceux disponibles sans ordonnance) calment la douleur ?

1) J'ai beaucoup de mal à trouver une position antalgique et la prise de médicament ne fait rien ou presque.
2) La douleur est calmée dans certaines positions mais le moindre mouvement réveille la douleur.
3) Le repos semble calmer mes douleurs, les médicaments agissent bien.
4) Tant que je ne sollicite pas la zone blessée, je ne la sens presque pas, je l'oublie.

RESULTATS DU TEST 2 :

Comptabilisez le nombre de réponse 1), 2), 3) ou 4) que vous avez obtenu :

Si vous avez 3 ou plus de 1), il est fortement indiqué de consulter votre médecin en urgence, **surtout si la douleur ou le choc concerne la tête ou le cou**. Le test s'arrête ici pour vous.

Si vous avez une majorité de 2) mais que vous avez répondu 1) à Q1 (et/ou que vous avez au moins 2 réponses 1)), il est également conseillé de consulter votre médecin par précaution.

Si vous avez une égalité de symbole, considérez toujours, par précaution, que vous correspondez au profil supérieur. Si vous avez 4 réponses 2), 4 réponses 3) et une réponse 4), considérez que vous avez une majorité de 2)

Si vous avez une majorité de 2), 3) ou 4), rendez-vous au TEST 3. Pensez à noter votre profil au test 1 : Une majorité de 2) = Profil II (P2), une majorité de 3) = Profil III (P3), une majorité de 4) =Profil IV (P4).

PROFIL I	PROFIL II	PROFIL III	PROFIL IV
URGENCE	PROBLEME MAJEUR	PROBLEME INTERMEDIAIRE	PROBLEME MINEUR
Fin du test	Vous pouvez poursuivre les tests de Prophylaction		
Consultez en urgence votre médecin.	Il est conseillé de consulter votre médecin pour écarter toute atteinte structurale nécessitant une prise en charge médicale spécifique.	Cherchez à déterminer les caractéristiques de votre douleur pour pouvoir agir avec efficience.	

Notez qu'il n'y a aucune corrélation entre l'intensité d'une douleur et la gravité d'une atteinte tissulaire (19,20). Cela signifie que ce ne sont pas les lésions tissulaires les plus graves qui sont les plus douloureuses, de nombreuses études **(21–26)** *l'ont démontré (voir l'annexe n°1 sur l'Absence de corrélation entre douleur et atteinte tissulaire). Comme nous l'avons déjà dit, la participation du cerveau dans la construction et la modulation de la sensation douloureuse est donc prépondérante. Des conditionnements psycho-sociaux peuvent aussi bien accentuer qu'inhiber les sensations douloureuses en provenance des tissus périphériques.*

IV. ETAPE CHARNIERE : QUELLE EST L'ANCIENNETÉ DE VOTRE PROBLÈME ?

1) Si votre douleur ou votre trouble dure **depuis moins de trois mois**[10], votre douleur n'est pas considérée comme chronique et elle est probablement nociceptive ou neuropathique. Vous allez réaliser les **TESTS 3 et 4** pour le déterminer.

Il peut également s'agir d'une douleur en cours de chronicisation. Réalisez le **Test de Catastrophisme** (PCS) (**Test 4C**) pour évaluer le risque de passage à la chronicité de votre douleur.
Pour commencer, rendez-vous au TEST 3.

2) Si votre douleur ou votre trouble dure **depuis plus de trois mois**, de manière continue ou par crise, il faut évaluer dans un premier temps votre degré de sensibilisation centrale ainsi que d'inhibition de l'action, facteur déterminant dans l'apparition des phénomènes nociplastiques.[11]

En fonction des résultats au **test 5**, la prise en charge de vos douleurs ne sera pas exactement la même.
Rendez-vous tout d'abord au test 5 puis vous pourrez réaliser les tests 3 et 4 pour en savoir plus sur la nature initiale des douleurs dont vous souffrez.

10. Les trois mois correspondent à la durée à partir de laquelle on considère qu'une douleur est chronique dans la classification classique de la douleur aiguë, subaiguë ou chronique. C'est une durée fixée arbitrairement : http://www.sfetd-douleur.org/la-douleur-chronique

11. A noter qu'une douleur nociplastique peut s'installer très rapidement (une dizaine de jours) après une première douleur nociceptive ou neuropathique si vous présentez des facteurs biopsychosociaux facilitants.

V. TEST N°3 - PRECISONS LES CARACTERISTIQUES DE CETTE DOULEUR

A. LE TEST 3 - RÉPONDEZ AUX QUESTIONS SUIVANTES :

Q01 – Localisation de la douleur :

1) Vous pouvez localiser facilement la douleur autour d'une articulation, au niveau d'un muscle ou d'un tendon. Ou c'est un point douloureux dans le dos.
2) La douleur est situable plus ou moins facilement sur un trajet plus ou moins étendu, une large bande chevauchant parfois plusieurs articulations.

Pour les questions 2 et 3, il est possible de ne répondre qu'à l'une des deux ou les deux en fonction des circonstances.

Q02 – Si le contexte de survenue est brutal :

1) Il y a eu un choc, une chute, un faux-mouvement ou un effort initial qui a causé directement cette douleur.
2) Il y a eu apparition d'une douleur électrique sur un trajet assez étendu pendant l'effort, après l'effort ou une mise en tension violente d'un membre ou d'une région du rachis.

Q03 – Si le contexte de survenue est progressif :

1) La douleur est apparue quelques heures après ou les jours suivants (souvent le lendemain matin au réveil). Elle est plutôt bien localisée et elle peut faire suite à une hyper-sollicitation sportive ou une activité intense inhabituelle.
2) La douleur est apparue progressivement, à partir d'un point proche de la colonne vertébrale ou du bassin, et s'étend progressivement vers l'extrémité d'un membre, du crâne ou le long d'une côte. Cette douleur peut faire suite ou non à une activité inhabituelle les jours qui ont précédés.

Q04 – Caractères de la douleur :

1) La douleur est souvent accompagnée d'une gêne mécanique précise ou de

Pour affiner les résultats du **TEST 3**, vous allez maintenant réaliser les deux étapes suivantes :

1) Reprenez votre **schéma Bodychart** et les qualificatifs caractérisant votre ou vos douleurs, réalisés lors du **Test 1** – si vous ne l'aviez pas fait, il en est encore temps.
2) Il va maintenant s'agir de voir quels qualificatifs du test 1 correspondent le mieux aux qualificatifs du tableau ci-dessous. Si vous aviez eu du mal à qualifier votre douleur, les caractéristiques proposées ci-dessous vous aideront sûrement.

Chaque colonne de qualificatifs correspond plutôt à un type de douleur, soit nociceptif, soit neuropathique. Attention, vous pouvez très bien présenter les deux types de douleur à la fois.

Caractéristiques plutôt nociceptives de la douleur	Caractéristiques plutôt neuropathiques de la douleur
1) Douleur aiguë bien localisée 2) Douleur inflammatoire (chaleur, oedème, rougeur) 3) Raideur, tension, fatigue,	1) Sensation de chaud (non-inflammatoire) ou de froid 2) Engourdissement, anesthésie, perte de sensation 3) Sensation de douleur profonde, difficile à localiser, sourde, floue 4) Picotements, piqûre d'aiguille

B. LE QUESTIONNAIRE DN4

Le questionnaire suivant nommé DN4 (28) est un outil simple et efficace qui permet de déterminer facilement la probabilité pour qu'une douleur soit neuropathique. Vous allez répondre par oui ou par non aux 4 questions suivantes et vous comptabiliserez les points à la fin en sachant qu'un oui =1 point et un non = 0 point.

Si votre score est supérieur ou égal à 4 sur 10, le test est considéré comme positif, c'est-à-dire que la probabilité pour que votre douleur soit neuropathique est élevée. D'ailleurs, plus votre score sera élevé, plus il sera important de consulter votre médecin pour un examen neurologique approfondi.

Si votre score est inférieur à 4, votre douleur est probablement plus d'ordre nociceptive

Questionnaire DN4

Répondez aux 4 questions ci-dessous en cochant une seule case pour chaque item.

INTERROGATOIRE DU PATIENT

Question 1 : La douleur présente-t-elle une ou plusieurs des caractéristiques suivantes ?

	OUI	NON
1 - Brûlure	❒	❒
2 - Sensation de froid douloureux	❒	❒
3 - Décharges électriques	❒	❒

Question 2 : La douleur est-elle associée dans la même région à un ou plusieurs des symptômes suivants ?

	OUI	NON
4 - Fourmillements	❒	❒
5 - Picotements	❒	❒
6 - Engourdissement	❒	❒
7 - Démangeaisons	❒	❒

EXAMEN DU PATIENT

Question 3 : La douleur est-elle localisée dans un territoire où l'examen met en évidence ?

	OUI	NON
8 - Hypoesthésie au tact	❒	❒
9 - Hypoesthésie à la piqûre	❒	❒

Question 4 : La douleur est-elle provoquée ou augmentée par :

	OUI	NON
10 - Le frottement	❒	❒

Score du Patient : /10

BILAN

- Si les trois étapes du TEST 3 vous indiquent plutôt une douleur nociceptive, **rendez-vous au TEST 4A.**
- Si elles vous indiquent plutôt une douleur neuropathique, **rendez-vous au TEST 4B.**
- S'il semble que vous présentez les deux types de douleur**, réalisez les TESTS 4A et B.**
- Si vous voulez connaître le facteur de risque de passage à la chronicité de votre problème, **rendez-vous au TEST 4C**.

VI. TEST 4A – DOULEUR D'ORDRE NOCICEPTIVE ?

Qu'est-ce qu'une douleur nociceptive ? C'est une sensation désagréable résultant de l'activation de certains récepteurs (les nocicepteurs) situés dans les tissus du corps et qui traduisent une atteinte tissulaire locale comme dans le cas d'une entorse ou une foulure par exemple.

Vous allez maintenant comparer la représentation de votre douleur sur le schéma « Bodychart » précédent avec les planches ci-dessous qui vous donneront les hypothèses les plus probables quant à votre ou vos douleurs :

- **Planche N°1 :** Homme de face
- **Planche N° 2 :** Homme de dos

Une fois que vous avez localisé la ou les zones correspondantes au mieux à vos propres douleurs, reportez-vous aux encadrés correspondants puis, en fonction de votre profil obtenu au **TEST 2** (P2, P3 ou P4), notez les numéros correspondants. Chaque numéro correspond à une entrée du codex des pathologies, l'ensemble est classé dans **le tableau des hypothèses.**

Reportez-vous ensuite aux entrées du tableau des hypothèses pour affiner votre recherche ou directement au **CODEX DES PATHOLOGIES** pour lire les différentes entrées.

Les deux planches anatomiques présentent un nombre non-exhaustif des douleurs les plus courantes du sportif ; **si vous ne trouvez pas de correspondance entre vos douleurs et les planches, il est conseillé de consulter votre médecin pour en savoir plus**.

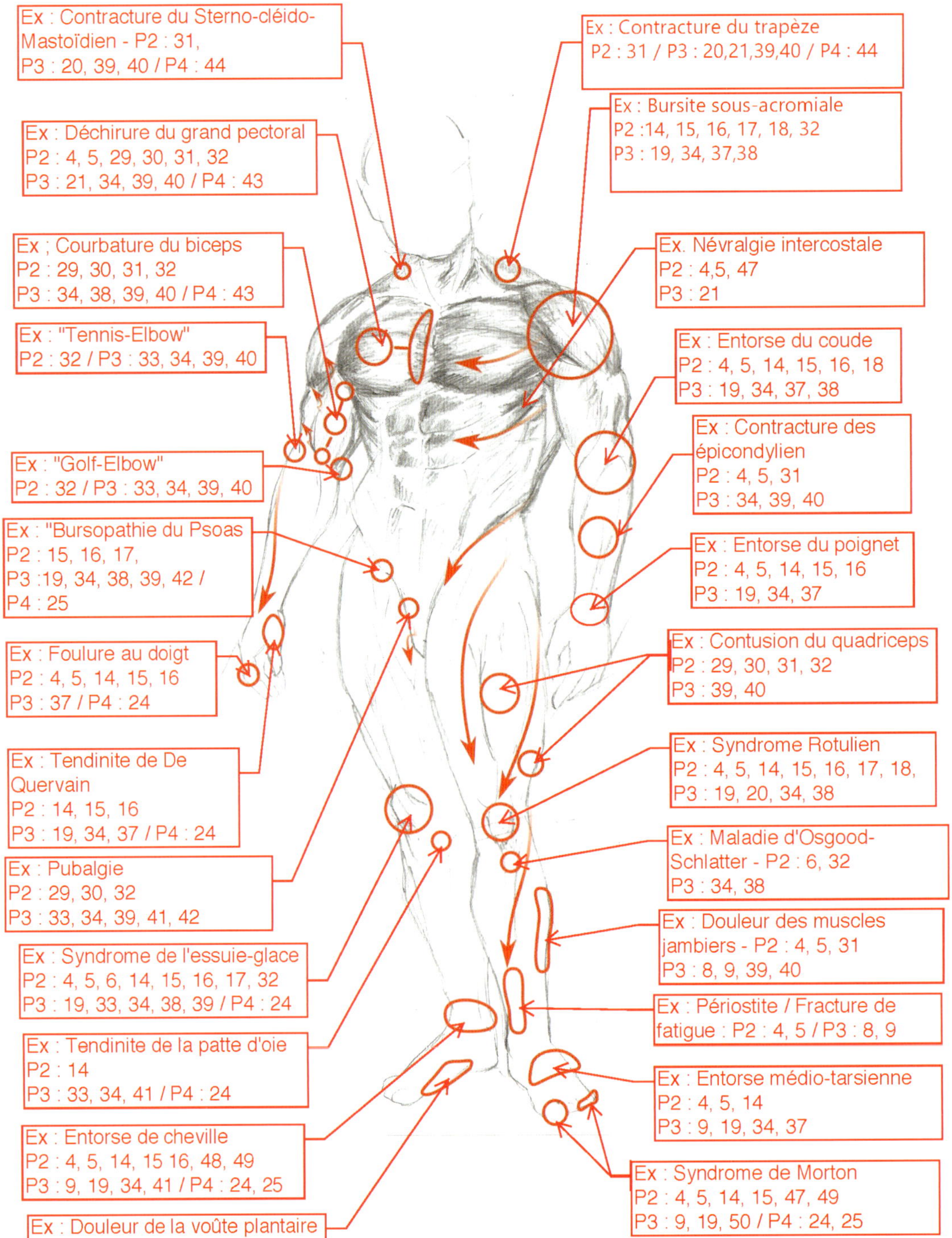

TEST 4 A - PLANCHE N°1
1) Repérez votre douleur ; 2) Reportez vous à l'encadré
3) Notez les chiffres correspondant à votre profil (P2, P3, P4)
4) Consultez les entrées correspondantes du Codex des Pathologies (p.514)

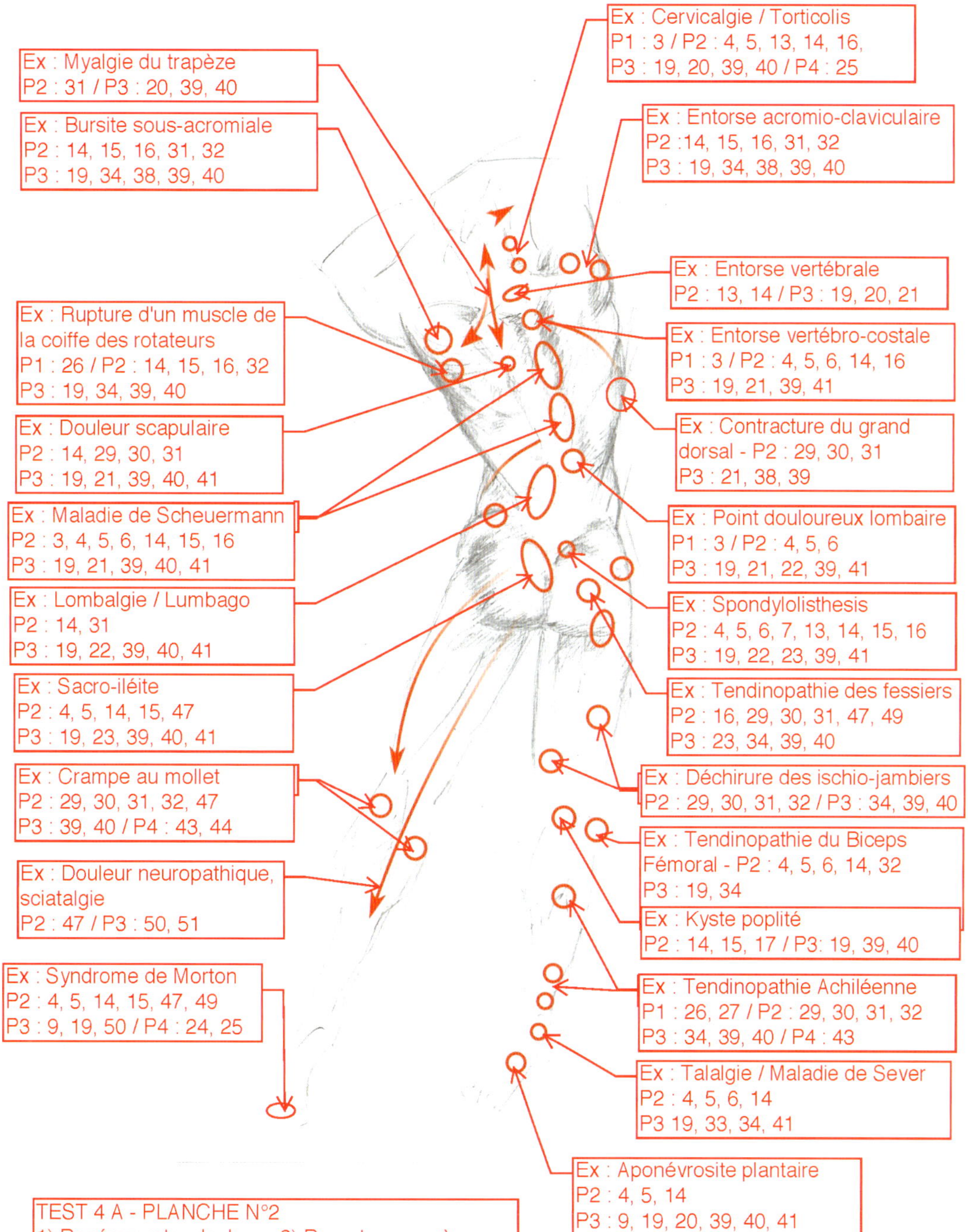

TEST 4 A - PLANCHE N°2

1) Repérez votre douleur ; 2) Reportez vous à l'encadré

3) Notez les chiffres correspondant à votre profil (P2, P3, P4)

4)Consultez les entrées correspondantes du Codex des Pathologies (p. 514)

VII. TEST 4B – DOULEUR D'ORDRE NEUROPATHIQUE ?

Qu'est-ce qu'une douleur neuropathique ? C'est une sensation désagréable résultant de l'atteinte irritative d'une partie plus ou moins importante du système nerveux périphérique ou central (irritation nerveuse tronculaire ou radiculaire syndrome canalaire,[13]...) et qui traduit donc la souffrance du système de communication lui-même. De ce fait, les phénomènes douloureux nociceptifs et neuropathiques sont différents.

Une des caractéristiques majeures d'une douleur neuropathique est de se manifester sur un territoire nerveux cutanée bien délimité (29). Vous allez maintenant observer les planches ci-dessous et essayer de voir si un ou plusieurs territoires nerveux cutanés présentés sur les planches correspondent - partiellement ou totalement - au territoire de votre propre douleur. Pour cela vous pouvez vous aider du Body-Chart que vous avez réalisé en **TEST 1** :

Topographie cutanée nociceptive (30)- Planche « dermatomérique » d'après Keegan et Garret (31)

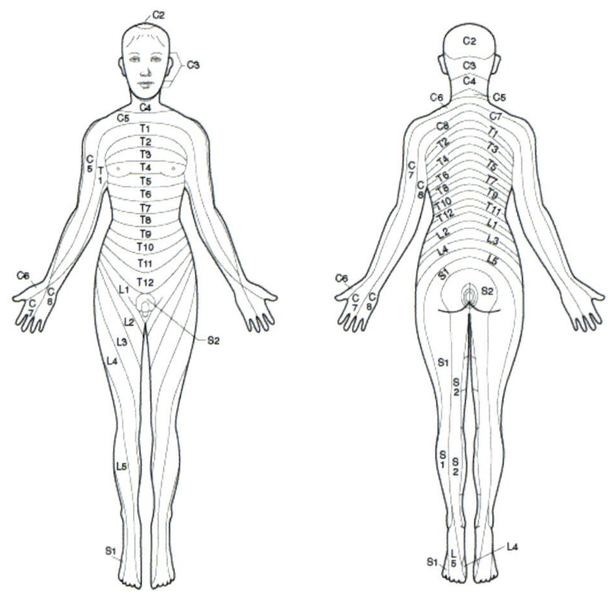

(schéma utilisé avec l'autorisation de The Wistar Institute, Philadelphia, Pennsylvania)

13. A noter que les compressions nerveuses et centrales entraînent des déficits sensitifs et moteurs mais généralement pas de douleur. Il peut exister en revanche une hypo-algésie ou une analgésie du territoire cutané concerné, c'est-à-dire, une incapacité à percevoir consciemment un stimulus douloureux sur un territoire donné.

Planche des territoires cutanés tronculaires (32) (Schéma d'après Lazorthes)

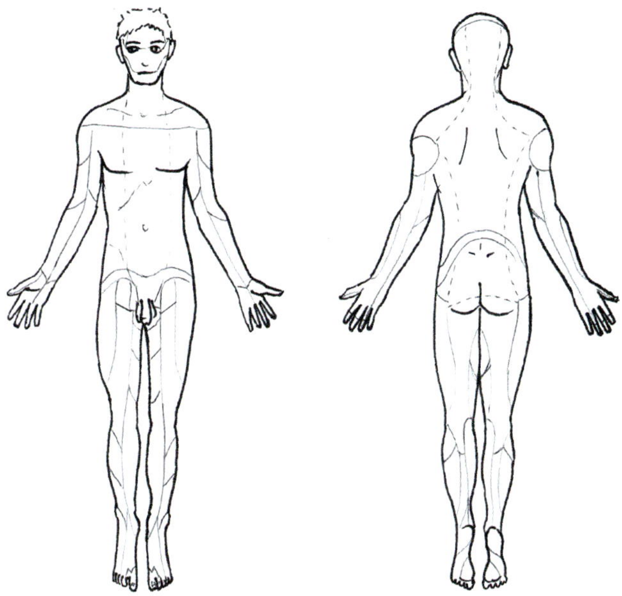

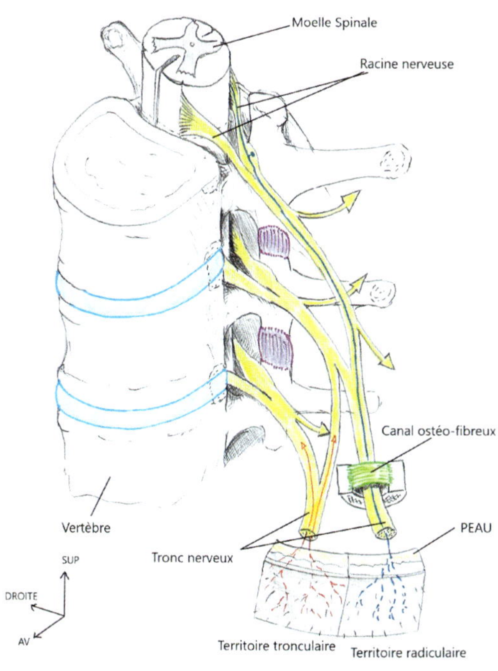

Si vous situez votre douleur sur la **planche n°1**, il est probable que votre douleur neuropathique soit radiculaire, c'est-à-dire qu'elle concerne une racine nerveuse constituant un nerf rachidien. Une cause courante est alors un dysfonctionnement articulaire vertébral qui provoque l'irritation d'une racine nerveuse et, en aval, la sensation douloureuse sur un territoire de peau correspondant (**voir Codex à 51. Douleur cutanée / Dermalgie**).

Si vous situez votre douleur sur la **planche n°2**, il est probable que votre douleur neuropathique soit tronculaire, c'est-à-dire qu'elle concerne un tronc nerveux constitué de plusieurs racines nerveuses. Une cause fréquente est l'irritation d'un tronc nerveux dans un canal ostéo-fibreux (**voir Codex à 49. Syndrome Canalaire**).

Si vous situez votre douleur sur les deux planches indifféremment, il n'y a rien d'anormal à cela. Les territoires radiculaires et tronculaires se chevauchant naturellement, il n'est donc pas toujours possible de déterminer si votre douleur est radiculaire ou tronculaire sans un examen médical approfondi. Pour en savoir davantage sur les douleurs neuropathiques les plus courantes, consultez les entrées 45 à 51 du codex des pathologies.

VIII. TEST 4C – EVALUEZ LE FACTEUR DE RISQUE DE PASSAGE DE VOTRE DOULEUR A LA CHRONICITE

A. L'ECHELLE DES PENSEES CATASTROPHIQUES

Nous recopions ici un test permettant d'évaluer, de manière fiable, le degré de risque de passage de votre douleur à la chronicité en fonction de votre état d'esprit.

> **Si vous obtenez un score supérieur ou égal à 30, le risque que votre douleur devienne chronique est grand. Cela signifie que votre état d'esprit vous prédispose à l'apparition de phénomènes nociplastiques. On parle de pensée catastrophique. Le lien est bien sûr à faire avec une sensibilisation du système nerveux central préexistante. Cet état peut bien entendu entraver ou perturber votre progression en musculation. Rendez-vous au Test 5 pour en savoir plus.**

Ψ

PCS

Âge : _____ Sexe : M (__) F (__)

Tout le monde est confronté à la douleur à un moment ou à un autre de sa vie. Il peut s'agir de maux de tête, de douleurs dentaires, articulaires ou musculaires. Les situations pouvant entraîner la douleur ne sont pas rares : maladie, blessure, soins dentaires ou chirurgie, par exemple.

Nous nous intéressons ici à ce que vous pouvez penser et ressentir lorsque vous avez mal. Vous trouverez ci-dessous treize phrases qui décrivent divers sentiments et pensées pouvant être associés à la douleur. À l'aide des choix de réponse suivants, veuillez indiquer à quel point les pensées et sentiments décrits vous correspondent quand vous avez mal.

0 – ne me correspond pas du tout **1** – me correspond un peu **2** – me correspond modérément **3** – me correspond beaucoup **4** – me correspond tout le temps

Quand j'ai mal…

1 ☐ ... je m'inquiète tout le temps car je me demande si la douleur va s'arrêter.

2 ☐ ... je sens que je n'en peux plus.

3 ☐ ... c'est terrible et je pense que cela ne va jamais s'arranger.

4 ☐ ... c'est horrible et je me sens envahi(e) par la douleur.

5 ☐ ... j'ai le sentiment de ne plus pouvoir supporter la douleur.

6 ☐ ... j'ai peur que la douleur devienne plus forte.

7 ☐ ... je n'arrête pas de penser à d'autres moments où j'ai eu mal.

8 ☐ ... je souhaite désespérément que la douleur disparaisse.

9 ☐ ... c'est comme si je ne pouvais pas m'empêcher d'y penser.

10 ☐ ... je n'arrête pas de penser à quel point je souffre.

11 ☐ ... je pense tout le temps à quel point je souhaite que la douleur s'arrête.

12 ☐ ... je ne peux rien faire pour réduire l'intensité de la douleur.

13 ☐ ... je me demande si quelque chose de grave pourrait arriver.

…Total

PCS - France/French - Version of 06 Apr 17 - Mapi.
ID058127 / PCS_AU1.0_fra-FR.doc

B. L'OUTIL START BACK (START BACK TOOL)[14]

Si votre douleur concerne votre dos et principalement la région lombaire, vous pouvez également réaliser également le STarT Back Tool en suivant le lien suivant :

VII. TEST 5 : EVALUATION DU DEGRE DE SENSIBILISATION CENTRALE ET D'INHIBITION DE L'ACTION

Cela fait plus de trois mois que vous souffrez de votre problème ? Vous présentez les signes suivants (29) ?

- Une douleur disproportionnée, qui n'est pas liée au mouvement (douleur non-mécanique), qui ne correspond pas à un territoire anatomique précis.
- Une douleur disproportionnée par rapport à la nature de la cause initiale et qui se manifeste de manière imprévisible.
- Une hyper-sensibilité et des douleurs diffuses régionalisées ou généralisées.
- La présence de facteurs psycho-sociaux tels que l'inhibition de l'action.

Cela signifie que vous présentez une somme pathologique très importante : soit par accumulation de nombreuses douleurs chroniques simples qui ont fini par modifier votre état émotionnel et cognitif ; soit par apparition de douleurs nociplastiques qui sont la conséquence d'une sensibilisation centrale perturbée.

Les douleurs nociplastiques auraient la particularité supplémentaire d'être accompagnées d'une hyper-sensorialité, c'est-à-dire une sensibilité exacerbée à la lumière, au bruit, à certaines odeurs et saveurs (33).

14. Pour en savoir plus : https://www.keele.ac.uk/sbst/startbacktool/

Dans les deux cas, cette situation peut avoir des conséquences importantes à long terme sur votre santé physique et mentale. La prise en charge est alors particulière et demande d'agir à plusieurs niveaux, avec l'aide de différents thérapeutes, simultanément ou progressivement :

Niveau 1 : résoudre les causes des douleurs nociceptives ou neuropathiques, les dysfonctionnements « mécaniques », plus ou moins anciens qui peuvent être intriqués ou à l'origine de vos douleurs supposées nociplastiques. C'est l'un des objectifs de ce guide. La médecine, la chirurgie et les thérapies manuelles (étiopathie, ostéopathie structurelle, chiropraxie) vous apporteront des solutions concrètes et efficaces en fonction des cas.

Niveau 2 : agir sur un ou plusieurs paramètres qui ont été les facteurs favorisants de douleurs nociplastiques (sédentarité, surpoids, addictions, stress, inhibition de l'action, dépression, etc.). Il s'agit en fait d'améliorer votre hygiène de vie et de solliciter votre organisme de manière optimale pour retrouver et élargir votre zone de confort. C'est l'une des finalités de Sybernetics. Vous pouvez également pratiquer régulièrement le yoga ou les disciplines associées (pilate, gym douce, …) et/ou consulter des psychothérapeutes spécialistes des Thérapies Brèves Stratégiques (34–38) (TBS)[15].

Niveau 3 : généralement, jouer sur les paramètres du niveau 2 n'est pas suffisant, il faut alors creuser plus profondément et chercher à résoudre votre mémoire traumatique. Cela demande un travail d'introspection long et important et il est parfois nécessaire d'être accompagné par un psychothérapeute compétent. Dans le cadre des nombreuses psychothérapies disponibles, nous privilégions logiquement les approches psychocorporelles dont l'analyse bioénergétique (39,40) fait partie.[16]

Le travail sur ces trois niveaux dans le but de retrouver votre zone de confort et l'élargir pour exprimer au mieux votre « potentiel épigénétique[17] » (41) est, comme vous l'aurez compris, la matière de SYBERNETICS.

Si donc, vous semblez souffrir de douleurs nociplastiques, **les outils de ce livre seront des alliés précieux**, en plus d'éventuelles consultations chez des spécialistes, pour vous permettre de retrouver un corps et un esprit en bonne santé.

15. En effet, les résultats rapides obtenus grâce aux TBS, malgré le fait qu'elles n'effleurent que la surface de la mémoire traumatique, peuvent souvent améliorer rapidement un trouble comportemental ou une addiction (changement de type 1). Ce qui peut permettre au pratiquant de créer de la motivation et d'amorcer un changement plus profond (changement de type 2).

16. Il vous est possible de trouver un thérapeute sur le site suivant http://www.cfab.info/index.php

17. Dans la lignée des travaux d'Henri Atlan notamment, nous proposons ici le concept de « potentiel épigénétique » par contraste avec le concept initial de « potentiel génétique ». Ce dernier concept renvoyant directement à la notion de « programme génétique » n'est plus apte à modéliser convenablement la réalité du fonctionnement du génome.

Nous vous proposons ci-dessous un test en deux parties pour **évaluer votre degré de sensibilisation centrale** et **l'état de vos principaux facteurs psycho-sociaux** qui peuvent traduire plusieurs choses, notamment le degré de déconnexion à vous-même, votre état d'inhibition de l'action et les conséquences de votre mémoire traumatique. Le résultat à ce test vous donnera un aperçu des axes sur lesquels vous devrez travailler en priorité, seul ou accompagné.

A. L'INVENTAIRE DE SENSIBILISATION CENTRALE

L'**Inventaire de sensibilisation centrale** créé par Tom G. Mayer (42) et son équipe en 2012 permet d'évaluer votre degré de sensibilisation centrale. Plus celui-ci est élevé, plus la probabilité est grande de développer **des douleurs nociplastiques.**

Nous mettons ici un lien vers le site internet Psychomedia qui propose de réaliser le test en ligne :
http://www.psychomedia.qc.ca/tests/test-inventaire-de-sensibilisation-centrale

Votre score	Evaluation du degré de sensibilisation centrale	Que faire ?
0 – 29	Pas cliniquement significative	En l'absence de Sensibilisation Centrale significative, vos douleurs ne sont pas noci-plastiques, **rendez-vous au Test 3, p. 494.**
30 – 39	Léger	
40 – 49	Modéré	**Rendez-vous au Test5B, Evaluation des principaux facteurs bio-psycho-sociaux, ci-dessous**
50 – 59	Sévère	
60 – 100	Extrême	

B. EVALUATION DES PRINCIPAUX FACTEURS BIO-PSYCHO-SOCIAUX

L'analyse de différents **facteurs bio-psycho-sociaux** va vous permettre d'évaluer indirectement votre degré d'inhibition de l'action. L'inhibition de l'action est l'état dans lequel vous êtes lorsque vous ne pouvez pas ou plus agir face à certains phénomènes extérieurs. Cet état a des répercussions nombreuses sur votre organisme. C'est à travers ces facteurs bio-psycho-sociaux perturbés que vous pouvez estimer votre degré probable d'inhibition.

Entourez ou notez pour chaque question le chiffre qui illustre le mieux les différents paramètres ci-dessous :

1) Présentez-vous des troubles du sommeil ?

inexistant 0 1 2 3 4 5 6 7 8 9 10 Permanent

2) Vous sentez vous fatigué ? Votre sommeil est-il récupérateur ?

En pleine forme 0 1 2 3 4 5 6 7 8 9 10 Exténué

3) Quel est votre degré de sédentarité ? Passez-vous des journées entières sans sortir de chez vous ?

Je sors régulièrement 0 1 2 3 4 5 6 7 8 9 10 Je reste prostré chez moi

4) Présentez-vous des addictions à certaines substances (tabac, alcool, sucre, cannabis, médicaments autre drogues) ?

Jamais 0 1 2 3 4 5 6 7 8 9 10 Je ne peux pas m'en passer

5) Présentez-vous des addictions à certaines activités (sport extrême ou non, jeux-vidéos, onanisme (masturbation), conflit relationnel, ...)

Pratique modérée 0 1 2 3 4 5 6 7 8 9 10 Je ne peux pas m'en passer (plusieurs heures/fois par jour/semaine)

6) Présentez-vous un surpoids ou une obésité ? Ou à l'inverse, une maigreur extrême ?

Non, je suis svelte 0 1 2 3 4 5 6 7 8 9 10 Je suis en obésité morbide/ en maigreur extrême ?

7) Présentez-vous des troubles alimentaires à type d'anorexie, de boulimie ou une tendance à vouloir tout contrôler dans votre alimentation ?

Rapport souple et serein 0 1 2 3 4 5 6 7 8 9 10 Rapport obsessionnel à la nourriture

8) Vous sentez vous stressé, anxieux ou angoissé ?

Pas du tout 0 1 2 3 4 5 6 7 8 9 10 Stress énorme, angoisses permanentes

9) Vous sentez vous déprimé ? Avez-vous du mal à gérer vos émotions ? Etes-vous en dépression ?

Je suis heureux et épanoui 0 1 2 3 4 5 6 7 8 9 10 Je suis malheureux, en dépression

10) Vous sentez-vous seuls ? Souffrez-vous du célibat ? Avez-vous du mal à vous faire des amis ?

Epanoui socialement 0 1 2 3 4 5 6 7 8 9 10 Solitude complète

*NB : Pour gommer d'éventuels **tâches aveugles cognitives** (2) qui vous empêcheraient de voir vos comportements tels qu'ils sont vraiment, il est conseillé de faire réaliser ce test par l'un de vos proches vous connaissant intimement et de comparer ce score à celui que vous avez obtenu initialement. Si l'écart est grand entre les deux scores, dites-vous que vous occultez inconsciemment certains de vos comportements. Prendre conscience de ces tâches aveugles est déjà un grand pas vers la prise de recul sur vos conditionnements.*

RESULTATS DU TEST N°5

Comptabilisez votre score sur .../100

Plus votre score est élevé, plus votre niveau d'inhibition est critique. Quand certains axes sont proches de 10 et d'autres de 0, cela vous donne une indication assez claire sur les paramètres qu'il va falloir améliorer, pour autant, ce n'est pas toujours par eux qu'il faut commencer. En effet, plus un score est proche de 10, plus il peut s'agir d'une compensation ancrée profondément en vous.

Score	Degré d'inhibition	Commentaires :
0 à 20	Insignifiant	Vous semblez gérer déjà très bien votre état d'inhibition.
20 à 40	Modéré	Les outils présentés dans Sybernetics sont indiqués pour vous permettre de gérer au mieux votre inhibition
40 à 60	Elevé	
60 à 80	Très élevé	VOUS AVEZ BESOIN D'AIDE. PRENEZ CONSEIL AUPRES DE VOTRE MEDECIN OU D'UN SPECIALISTE COMPETENT
80 à 100	Total	

C. DOULEUR NOCIPLASTIQUE

Pour résumer, si vous présentez :

- Des **douleurs qui semblent disproportionnées** par rapport à l'événement déclencheur,
- Une **distribution diffuse de la douleur dans** certaines régions du corps avec une **hypersensibilité générale,**
- Des résultats au **Test d'Inventaire de Sensibilité Centrale** et **au Test d'évaluation des facteurs bio-psycho-sociaux** supérieurs ou égaux à 40,
- Une **hyper-sensorialité** (sensibilité exagérée à la lumière, au son, certaines odeurs et saveurs).

Il y a une forte probabilité pour que vous souffriez de douleurs nociplastiques. Comme nous le décrivions plus haut, la guérison repose alors sur une « alliance thérapeutique[18] » et un travail personnel de reconnexion à soi et de « désapprentissage de la douleur ». Nous vous donnons énormément d'outils dans Sybernetics pour réaliser ce travail personnel.

18. Une prise en charge coordonnée par plusieurs thérapeutes de spécialités différentes.

A noter que nous décrivons dans le Codex des Pathologies de ce chapitre, deux entités cliniques présentant des douleurs nociplastiques : le Syndrome Douloureux Régional Complexe (l'algodystrophie) (voir codex à 48) et la Fibromyalgie (voir codex à 54).

Rappelons néanmoins que certaines douleurs nociceptives ou neuropathiques anciennes intriquées peuvent laisser penser à tort à l'existence de douleurs nociplastiques. C'est pourquoi, avant de s'inquiéter outre mesure, il ne faut pas négliger la prise en charge individuelle de chaque douleur par des thérapeutes compétents (**Voir le niveau 1 ci-dessus) ainsi qu'un travail global de reconnexion à soi comme proposé dans Sybernetics**.
De plus, des douleurs nociplastiques peuvent être accompagnées de douleurs nociceptives ou neuropathiques chroniques dont la prise en charge permet rapidement d'améliorer l'état général de l'individu.

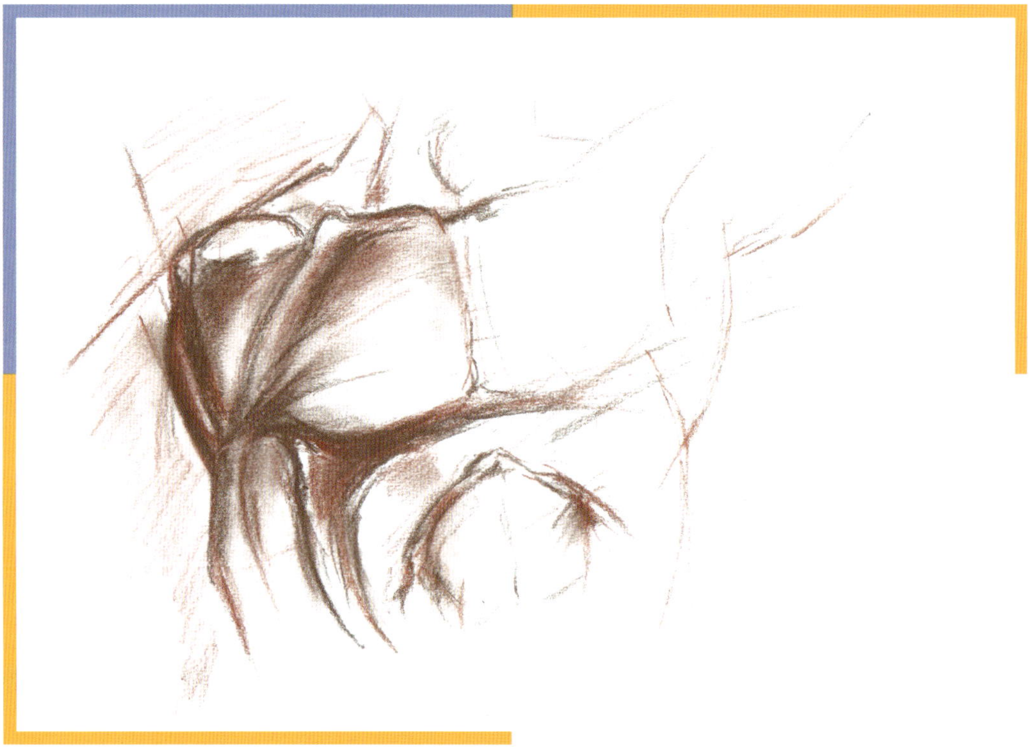

VIII. TABLEAU DES HYPOTHESES

Tableau des hypothèses	I. URGENCE	II. PROFIL 2	III. PROFIL 3	IV. PROFIL 4
A. Système osseux	1/ Fractures majeures 2/ Trauma crânien 3/ Tassement/fractur vertébral	4/Fractures « mineures » 5/ Fêlure 6/ Ostéochondropathie 7/Spondylolyse & Spondylolisthésis	8/ Périostite 9/ Fracture de fatigue	
B. Système articulaire	10/ Luxation 11/ Rupture ligamentaire complète 12/ Hernie discale invalidante	13/ Hernie discale non-invalidante 14/ Entorse 15/Arthrite 16/Arthrose 17/ Atteinte des fibro-cartilages (ménisques, ...) 18/ Luxation récidivante	19/Point douloureux et gêne articulaire 20/ Cervicalgie et torticolis 21/ Dorsalgie et entorse de côte 22/ Lombalgie et lumbago 23/ Sacralgie & douleur du coccyx	24/ Foulure 25/ Craquements articulaires
C. Système musculaire	26/ Rupture tendineuse traumatique 27/ Lésions musculaires traumatiques 28/ Syndrome de loge post-traumatique	29/Elongation 30/Claquage 31/Contusion musculaire 32/Rupture tendineuse asymptomatique	33/ Enthésopathie 34/ Tendinopathie : 35/Tendinite 36/ Tendinose 37/Ténosynovite 38/Bursopathie 39/Contracture 40/Myalgie 41/Aponévrosite 42/ Pubalgie	43/Crampes 44/Courbatures
D. Système nerveux	45/ Névrite 46/ Névralgie paralysante	47. Névralgie non-invalidante 48. Syndrome Douloureux Régional Complexe (algoneurodystrophie) 49. Syndrome canalaire	50. Paresthésie (fourmillements) 51. Douleurs cutanées / Dermalgies	
E. Autre	52. Commotion cérébrales 53. Hématome important	54. Fibromyalgie		

Au terme des tests précédents (si vous les avez effectués), vous avez dû obtenir une ou plusieurs entrées pour le codex. Elles sont centralisées ici.

Ce tableau résume l'ensemble des pathologies décrites dans la partie suivante Codex des pathologies. Elles sont classées par profil et par système et donc elles ne sont pas rangées par ordre alphabétique.

Si vous n'avez pas effectué les tests mais que vous connaissez déjà la nature de votre problème, vous pouvez relever le numéro de la pathologie en question et vous rendre à l'entrée correspondante du Codex. Vous pouvez également satisfaire votre curiosité pour certaines pathologies de la même façon.

IX. CODEX DES PATHOLOGIES

Si vous avez suivi l'ensemble des tests proposés dans le Chapitre Prophylaction, vous devez maintenant être en possession d'une ou plusieurs hypothèses propres à expliquer vos douleurs actuelles (sous forme de code, exemple : P3-36 ou P4-24). **Pour consulter le descriptif des pathologies associées à ces codes, suivez le lien ci-dessous pour continuer à être guidé**.

Si vous voulez consulter les annexes du chapitre, suivez également le lien ci-dessous.

Avec ou sans code, pour accéder à la **deuxième partie de Prophylaction,** c'est par ici :
https://olivier-lafay.com/prophylaction/

Remerciements :
Avec l'aimable contribution du docteur **Pascale Tardivel-Raimondeau**
Avec les relectures et corrections de mes confrères suivants :
Matthieu Gillet, étiopathe à Strasbourg ; **Rémy Deniaut**, étiopathe à Bordeaux ; **Ronan Guilcher**, étiopathe à Mennecy (91) ; **Romain Botti**, étiopathe à Paris et Marseille ; **Antoine Frémond,** étiopathe à la Roche-Bernard (56) ; **Julie Reboul** et **Romain Przybros**, étiopathes.
Mes plus sincères remerciements pour leur participation et leurs avis éclairés !

Yann Ollivier (www.yann-ollivier.fr)

« Notre organisme fonctionne comme un grand orchestre.
Le cœur, les poumons, le foie… Chacun doit « jouer sa partition » en harmonie avec tous les autres organes pour interpréter la symphonie du vivant. Notre symphonie personnelle du vivant. Comprendre l'importance de l'épigénétique, c'est se donner la chance de devenir chef d'orchestre de son propre corps ! »

Joël de Rosnay

Références bibliographiques

1. **Morin E.** *Penser global.* Paris: Robert Laffont; 2015. 180 p.
2. **Watzlawick P.** *L'invention de la réalité - contributions au constructivisme.* Seuil; 1996. 373 p.
3. **Watzlawick P.** *Le langage du changement. Eléments de communication thérapeutique.* Paris: Points; 2014. 192 p.
4. **Bateson.** *Vers une écologie d'esprit, tome 1.* Paris: Seuil; 1995. 299 p.
5. **Woolf CJ, Bennett GJ, Doherty M, Dubner R, Kidd B, Koltzenburg M, et al.** *Towards a mechanism-based classification of pain?* PAIN. sept 1998;77(3):227.
6. **Bayer TL, Coverdale JH, Chiang E, Bangs M.** *The role of prior pain experience and expectancy in psychologically and physically induced pain.* Pain. 1 janv 1998;74(2):327-31.
7. **Enck P, Benedetti F, Schedlowski M.** *New Insights into the Placebo and Nocebo Responses.* Neuron. 31 juill 2008;59(2):195-206.
8. **Felitti VJ, Anda RF, Nordenberg D, Williamson DF, Spitz AM, Edwards V, et al.** *Relationship of Childhood Abuse and Household Dysfunction to Many of the Leading Causes of Death in Adults: The Adverse Childhood Experiences (ACE) Study.* American Journal of Preventive Medicine. 1 mai 1998;14(4):245-58.

CHAPITRE X

EXERCICES

Les indispensables et plus encore !

« L'idée de cybernétique – art/science de la gouverne – peut s'intégrer et se transformer en sy-cybernétique, art/science de piloter ensemble, où la communication n'est plus un outil de la commande, mais une forme symbiotique complexe d'organisation.
L'idée de communication doit être examinée et interrogée dans toutes ses dimensions organisationnelles et existentielles. La communication est la dimension nouvelle qu'apporte la vie. Elle est une idée capitale aussi bien pour l'organisme que pour l'éco-système. »

Edgar Morin (1)

INTRODUCTION

Les exécutions de chaque exercice utilisé dans le chapitre entraînement de Sybernetics p.133 sont détaillées dans les pages qui suivent. Vous pourrez y prendre connaissance de l'exécution adéquate des divers exercices que vous réaliserez lors de vos séances de musculation. Le tout est illustré par des photos et des dessins précis qui vous permettent de visualiser l'exécution idéale d'un seul coup d'œil. Les exercices sont classés par bloc. Chaque bloc exerce essentiellement un groupe musculaire défini. Si un exercice se trouve classé dans tel bloc, cela signifie qu'il exerce principalement des muscles composant ce bloc. Par exemple, tous les exercices présentés dans le bloc dos vont cibler en priorité des muscles du dos.

Retrouvez toutes les exécutions des exercices en vidéo ici:

EXERCICES BLOC POITRINE

BLOC POITRINE – AU POIDS DU CORPS

Exercice : Dips
En appui sur les mains, entre 2 supports de même hauteur, fléchissez les bras au maximum.
Tendez ensuite les bras.
Ceci constitue l'amplitude complète. Lorsqu'il vous est demandé de réaliser une demi-amplitude, descendez jusqu'à ce que vos épaules soient au niveau de vos coudes.

Respiration : Inspirez à la descente. Expirez à la remontée.

Conseils supplémentaires : Ne gardez pas la tête droite. Ne tirez pas la nuque vers l'arrière.
Si vous ne pouvez effectuer cet exercice, remplacez-le par la variante de pompes 1.2 décrite p. 523.

Dips lestés : Cet exercice peut se réaliser avec une machine spécifique ou un élastique pour se délester (voir p. 207).

Vous pouvez également vous lester avec un gilet ou une ceinture de lest.

Exercice : Dips entre deux bancs
En appui entre 2 supports de même hauteur, les mains sur un support, les pieds sur un support devant vous, fléchissez les bras au maximum.
Tendez ensuite les bras.
Ceci constitue l'amplitude complète.

Respiration : Inspirez à la descente. Expirez à la remontée.

Conseils supplémentaires : Ne vous enroulez pas sur vous-même pendant l'exercice.
Si l'exercice est trop difficile, laissez les pieds au sol.

Exercice : Pompes
Position principale :
Pieds et mains au sol, les mains écartées de la largeur des épaules.
Corps tendu, fléchissez les bras. Tendez les bras pour remonter.

Respiration : Inspirez à la descente. Expirez à la remontée.

Réalisez l'exercice entre 3 supports de même hauteur pour augmenter votre amplitude de travail, et votre confort.

Conseil supplémentaire : Vous pouvez vous lester à l'aide d'un élastique ou d'un gilet de lest sur cet exercice.

Exercice : Pompes – Prise serrée – Variante 1 : pieds et mains sur des supports de même hauteur
Pieds et mains sur des supports de même hauteur, les mains sont écartées de 40cm environ. Corps tendu, fléchissez les bras. Tendez les bras pour remonter.

Respiration : Inspirez à la descente. Expirez à la remontée.

Réalisez l'exercice entre 3 supports de même hauteur pour augmenter votre amplitude de travail, et votre confort.

Conseil supplémentaire : Vous pouvez vous lester à l'aide d'un élastique ou d'un gilet de lest sur cet exercice. Voir la version de base pour le placement d'un élastique.

Exercice : Pompes – Prise serrée – Variante 1.1 : Pieds au sol et mains sur un support plus élevé

Dans la même position, les pieds se trouvent au sol, et les mains sont situées sur un support plus élevé.
Plus le support sera élevé, plus l'exercice sera facile.

Conseils supplémentaires : Commencez avec les mains sur un support d'environ 1 mètre de hauteur. Progressivement, quand vous atteignez des séries de 12 à 15 répétitions, diminuez la hauteur de vos mains. Petit à petit, vous parviendrez à avoir les pieds et les mains à la même hauteur.

Exercice : Pompes – Prise Serrée – Variante 1.2 : Pieds surélevés

Dans la même position, les pieds sont surélevés par rapport aux mains.

Conseil de progression : Commencez par surélever vos pieds de 10cm par rapport à vos mains.
Augmentez la hauteur des pieds de 10cm en 10cm, une fois des séries d'au moins 12 répétitions réalisées.
Les mains ne doivent pas rester au sol : ceci limitera votre amplitude et votre confort de travail.

Conseil supplémentaire : Vous pouvez vous lester à l'aide d'un gilet de lest sur cet exercice.

Exercice : Pompes – Prise Large – Variante 2 : Pieds et mains sur des supports de même hauteur

Pieds et mains posés sur 3 supports de même hauteur, les mains sont écartées d'environ 2 fois la largeur des épaules.
Corps tendu, fléchissez les bras. Tendez les bras pour remonter.

Respiration : Inspirez à la descente. Expirez à la remontée.

Conseil supplémentaire : Vous pouvez vous lester à l'aide d'un élastique ou d'un gilet de lest sur cet exercice.

Exercice : Pompes – Prise large – Variante 2.1 : Pieds au sol et mains sur un support plus élevé

Dans la même position, les pieds se trouvent au sol, et les mains sont situées sur un support plus élevé.
Plus le support des mains sera élevé, plus l'exercice sera facile.

Conseil de progression : Commencez avec les mains sur un support d'environ 1 mètre de hauteur. Progressivement, diminuez la hauteur de vos mains. Petit à petit, vous parviendrez à avoir les pieds et les mains à la même hauteur.

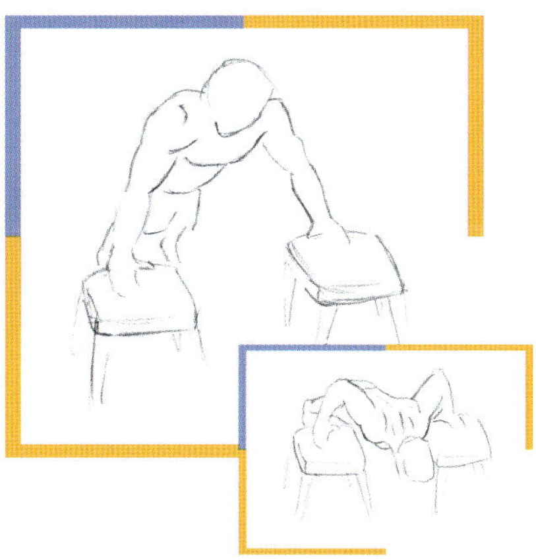

Exercice : Pompes – Prise Large – Variante 2.2 : Pieds surélevés
Dans la même position, les pieds sont surélevés par rapport aux mains.

Conseil de progression : Commencez par surélever vos pieds de 10cm par rapport à vos mains.
Augmentez la hauteur des pieds de 10cm en 10cm, si c'est possible.
Les mains ne doivent pas rester au sol : ceci limitera votre amplitude et votre confort de travail.

Exercice : Burpees
Le point de départ de l'exercice est la position debout, jambes écartées de la largeur des épaules.
Accroupissez-vous en posant les mains au sol devant vous. D'un bond, dépliez les jambes et mettez-vous en position de pompes.
Fléchissez les bras jusqu'à ce que la poitrine touche le sol, puis remontez.
D'un nouveau bond, ramenez les pieds et revenez en position accroupie.
Ensuite, verticalement, faites un saut sur place en levant les bras au-dessus de votre tête.
L'ensemble de cette séquence constitue un mouvement.

BLOC POITRINE – AVEC CHARGES ADDITIONNELLES

Exercice : Développé-couché – Prise Large
Allongé sur un banc, soulevez la barre avec vos mains. Celles-ci sont écartées d'environ 2 fois la largeur de vos épaules.
Cette distance est indicative : prenez un écartement large mais qui reste confortable.
Pliez les bras pour amener la barre jusqu'à la poitrine, en dessous de la ligne de vos pectoraux.
Remontez la barre en tendant les bras.

Respiration : Inspirez en descendant. Expirez en remontant.

Conseils supplémentaires : ne cherchez pas à plaquer le bas du dos au banc

Exercice : Développé-couché – Prise serrée
Reprenez la position indiquée dans la version Prise Large, cependant vos mains seront cette fois écartées d'environ 40cm. A la descente, vos coudes se positionneront vers l'arrière.
Gardez une position confortable.

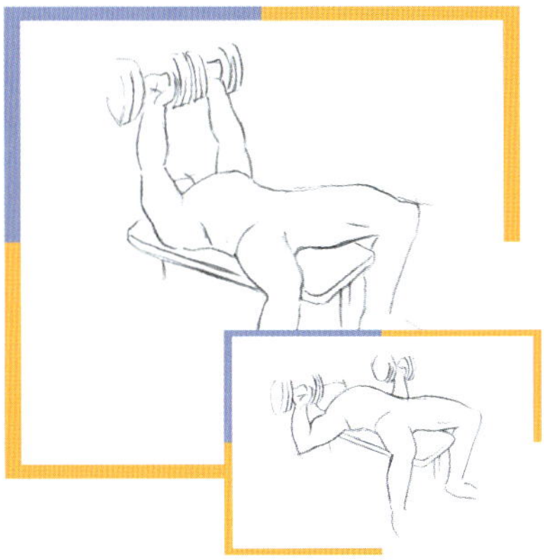

Exercice : Développé-couché haltères
Allongé sur un banc, prenez un haltère dans chaque main. Descendez les mains en gardant les coudes vers l'extérieur.
Tendez les bras pour remonter.

Respiration : Inspirez en descendant. Expirez en remontant.

Exercice : Développé-décliné
Allongé sur un banc décliné, bloquez vos pieds pour ne pas glisser. Soulevez la barre avec vos mains. Celles-ci sont écartées d'environ 2 fois la largeur de vos épaules.
Cette distance est indicative : prenez un écartement large mais qui reste confortable.
Pliez les bras pour amener la barre jusqu'à la poitrine, en dessous de la ligne de vos pectoraux.
Remontez la barre en tendant les bras.

Respiration : Inspirez en descendant. Expirez en remontant.

Exercice : Ecarté couché
Allongé sur un banc ou, à défaut, au sol. Un haltère dans chaque main, les bras sont tendus devant vous.
Ecartez les bras en inspirant. Les bras sont légèrement fléchis.
Remontez en expirant.

EXERCICES BLOC DOS

BLOC DOS – AU POIDS DU CORPS

Exercice : Tractions verticales – Prise supination
Suspendez-vous à une barre ou tout autre support. Les paumes de main sont tournées vers vous. L'écartement entre les mains est d'environ la largeur de vos épaules.
Remontez en pliant les bras. Tendez les bras pour revenir en position basse. Ne tendez pas totalement les bras en position.

L'amplitude peut être réduite sur cet exercice. Lorsqu'il vous est demandé de réaliser une demi-amplitude, descendez jusqu'à ce que vos épaules soient au niveau de vos coudes.

Respiration : Expirez à la montée. Inspirez à la descente.

Conseils supplémentaires : Ne tendez pas totalement les bras en position basse.
N'arrondissez pas le dos pour remonter.
Cet exercice peut se réaliser avec un élastique pour se délester (voir p. 207).
Vous pouvez également vous lester avec un gilet ou une ceinture de lest.

Exercice : Tractions verticales – Prise neutre -Variante 1
Dans la même position, la prise peut être neutre : les paumes de main se font face.
Pour cela, des sangles autour de la barre peuvent suffire.

Cet exercice peut se réaliser avec un élastique pour se délester (voir p. 207).
Vous pouvez également vous lester avec un gilet ou une ceinture de lest.

Exercice : Tractions verticales – Prise pronation – Variante 1.1
Suspendez-vous à une barre ou tout autre support. Les paumes de main sont vers l'extérieur. L'écartement entre les mains est d'environ la largeur de vos épaules.
Remontez en pliant les bras. Tendez les bras pour revenir en position basse.

Respiration : Expirez à la montée. Inspirez à la descente.

Conseils supplémentaires : Ne tendez pas totalement les bras en position basse. N'arrondissez pas le dos pour remonter.

Cet exercice et ses variantes peuvent se réaliser avec un élastique pour se délester (voir p. 207).
Vous pouvez également vous lester avec un gilet ou une ceinture de lest.

Exercice : Tractions verticales- Prise pronation- Variante 1.2 : Prise large, la barre à la poitrine

La position est la même que précédemment. Ecartez les mains d'environ 2 fois la largeur de vos épaules. Remontez la poitrine jusqu'à la barre.

Conseils supplémentaires : Ne tirez pas sur la nuque pour remonter « en force ».
Visitez notre Annexe p. 208 pour plus de conseils sur cet exercice.

Exercice : Tractions verticales – Prise pronation – Variante 1.3 : Prise large, la barre à la nuque

La position est la même que pour la variante 1. Vous amènerez cette fois-ci la nuque au niveau de la barre.

Conseils supplémentaires : Si vous avez mal en exécutant l'exercice, testez différents écartements entre les mains. Visitez notre Annexe p. 208 pour plus de conseils sur cet exercice.
Pensez à exercer la souplesse de vos épaules (p. 271 & p. 296) pour réaliser cet exercice dans les meilleures conditions.
Vous pouvez également vous lester avec un gilet ou une ceinture de lest.

Exercice : Tractions horizontales – Prise supination

Jambes repliées sous les pieds, accrochez-vous à une barre. Les paumes de mains sont tournées vers vous.
Remontez en pliant les bras. Tendez les bras pour revenir en position basse. Ne tendez pas totalement les bras en position.

Respiration : Inspirez à la montée. Ouvrez grand la cage thoracique. Expirez à la descente.

Conseils de progression : L'exercice peut être rendu plus difficile progressivement en éloignant les pieds des fesses dans un premier temps.

Vous pourrez ensuite surélever progressivement les pieds, ou utiliser un gilet de lest.

Exercice : Tractions horizontales – Prise pronation – Variante 1

Dans la même position que précédemment, les paumes de mains sont tournées vers l'extérieur.

Exercice : Tractions horizontales- Prise pronation- Variante 1.1 : prise large

Dans la même position que précédemment, écartez vos mains d'environ 2 fois la largeur de vos épaules.

Exercice : Tractions horizontales – Prise neutre – Variante 1.2

Dans la même position que précédemment, vos paumes de main se font face.

BLOC DOS – AVEC CHARGES ADDITIONNELLES

Exercice : Tirage à la poulie haute – Prise supination

Attrapez la barre de tirage. Les paumes de main sont tournées vers vous. L'écartement entre les mains est d'environ la largeur de vos épaules.

Pliez les bras pour amener la barre à la poitrine. Tendez les bras pour revenir en position haute. Ne tendez pas totalement les bras en position.

L'amplitude peut être réduite sur cet exercice. Lorsqu'il vous est demandé de réaliser une demi-amplitude, amenez la barre jusqu'à ce que vos épaules soient au niveau de vos coudes.

Respiration : Inspirez à la montée. Expirez à la descente.

Conseils supplémentaires : Ne « décrochez » pas les épaules en position haute.

Exercice : Tirage à la poulie haute – Prise neutre- Variante 1

Dans la même position, la prise peut être neutre : les paumes de mains se font face.

Prenez une poignée de tirage pour cela.

Exercice : Tirage à la poulie haute – Prise pronation Variante 1.1

Attrapez la barre de tirage. Les paumes de mains sont vers l'extérieur. L'écartement entre les mains est d'environ la largeur de vos épaules.
Remontez en pliant les bras. Tendez les bras pour revenir en position basse. Ne tendez pas totalement les bras en position.

Respiration : Inspirez à la montée. Expirez à la descente.

Conseils supplémentaires : Ne tendez pas totalement les bras en position basse. N'arrondissez pas le dos pour remonter.

Exercice : Tirage à la poulie haute – Prise large- Variante 1.2 : Barre à la poitrine

La position est la même que précédemment. Ecartez les mains d'environ 2 fois la largeur de vos épaules. Amenez la barre jusqu'à la poitrine.

Conseils supplémentaires : Penchez-vous un peu vers l'arrière et tirez les coudes vers l'arrière pour amener la barre à la poitrine. Ne cambrez pas exagérément le bas du dos.

Exercice : Tirage à la poulie haute – Prise large- Variante 1.3 : Barre à la nuque

La position est la même que précédemment. Ecartez les mains d'environ 2 fois la largeur de vos épaules. Amenez la barre jusqu'à la nuque

Conseils supplémentaires : Penchez-vous un peu vers l'arrière et tirez les coudes vers l'arrière pour amener la barre à la poitrine. Ne cambrez pas exagérément le bas du dos.

Exercice : Tirage horizontal – Prise neutre

Attrapez votre poignée de tirage. Votre cage est sortie, le ventre est légèrement rentré. Tirez les coudes vers l'arrière pour amener les mains le plus possible vers vous.

Respiration : Inspirez en tirant. Expirez en tendant les bras.

Conseils supplémentaires : Ne décrochez jamais les épaules vers l'avant en tendant les bras.

Exercice : Rowing à la barre, buste penché
Debout, pieds légèrement plus écartés que la largeur des épaules, une barre droite ou coudée en main. La paume des mains est tournée vers le sol.
Pliez légèrement les genoux. Penchez-vous vers l'avant en gardant le dos droit. Amenez la barre au niveau du ventre en tirant les coudes vers l'arrière.
Tendez les bras.

Respiration : Inspirez en tirant. Expirez en tendant les bras.

Conseils supplémentaires : Gardez le ventre légèrement rentré tout au long de l'exercice. Inutile de vous pencher trop en avant.

Exercice : Rowing haltères
Placez une main sur un banc, et le genou du côté de la main sur ce banc. Prenez un haltère de la main libre. Tirez le coude vers l'arrière, verticalement, pour amener l'haltère au niveau de votre poitrine.
Redescendez en tendant le bras.

Respiration : Inspirez en tirant. Expirez ensuite.

Conseils supplémentaires : Si vous n'avez pas de banc de musculation, un banc simple ou deux chaises de même hauteur peuvent vous permettre de réaliser cet exercice aisément.
Vous pouvez réaliser l'exercice avec un kettlebell.

EXERCICES BLOC CUISSES

BLOC CUISSES – AU POIDS DU CORPS

Exercice : Flexions à deux jambes
Debout, les jambes écartées d'environ la largeur de vos épaules.
Pliez les jambes pour arriver en position basse.
Tendez les jambes pour remonter.

Respiration : Inspirez à la descente. Expirez à la montée.

Conseils supplémentaires : Ne vous laissez pas tomber. Ne faites pas rebondir votre fesse sur votre mollet.
Il est possible de se lester sur cet exercice en utilisant un gilet de lest, un haltère ou un kettlebell.

Si garder l'équilibre est difficile, placez une cale sous votre talon. Exercez votre souplesse et faites des exercices d'automassages pour les mollets pour résoudre ce problème.

Exercice : Flexions à une jambe : Amplitude complète
Placez-vous dans un encadrement de porte ou tout autre espace vous permettant de vous tenir du bout des doigts.
Levez une jambe devant vous. Pliez l'autre jambe totalement. Remontez en tendant la jambe.

Respiration : Inspirez à la descente. Expirez à la montée.

Conseils supplémentaires : Ne vous laissez pas tomber. Ne faites pas rebondir votre fesse sur votre mollet.
Il est possible de se lester sur cet exercice en utilisant un gilet de lest, ou une kettlebell.

Si garder l'équilibre est difficile, placez une cale sous votre talon. Exercez votre souplesse et faites des exercices d'automassages pour les mollets pour résoudre ce problème.soudre ce problème.

Exercice : Flexions à une jambe- Variante 1 : demi-amplitude
L'exercice peut s'effectuer selon diverses amplitudes. S'il vous est demandé de réaliser une demi-amplitude, descendez jusqu'à ce que votre cuisse soit parallèle au sol.
Vous pouvez réaliser cet exercice dos à un mur, pour augmenter la sollicitation des quadriceps.

Exercice : Bondissements
Debout, pliez les deux jambes. Sautez sur place en tendant les jambes. Levez les bras en l'air lors du saut si votre lieu d'entraînement vous le permet.
Ne posez pas le talon au sol lors de l'exercice.

Respiration : Expirez lors du saut. Inspirez à la descente.

Conseils supplémentaires : Placez-vous face à un mur que vous toucherez du bout des doigts pour garder l'équilibre.
Ne tendez pas les jambes violemment pour sauter !
Si l'exercice n'est pas possible pour vous, remplacez-le par l'exercice de la chaise.

Exercice : Step sur chaise
Utilisez une chaise, un meuble, ou tout autre support solide pour réaliser cet exercice.
Posez un pied sur la chaise et, sans vous aider de l'autre jambe, montez en poussant sur le pied en appui sur la chaise.
Redescendez en contrôlant la descente : celle-ci doit être maîtrisée jusqu'à la fin. Ne vous laissez pas tomber.

Vous pouvez vous lester à l'aide d'un gilet de lest, ou en prenant un haltère ou un kettlebell dans chaque main.

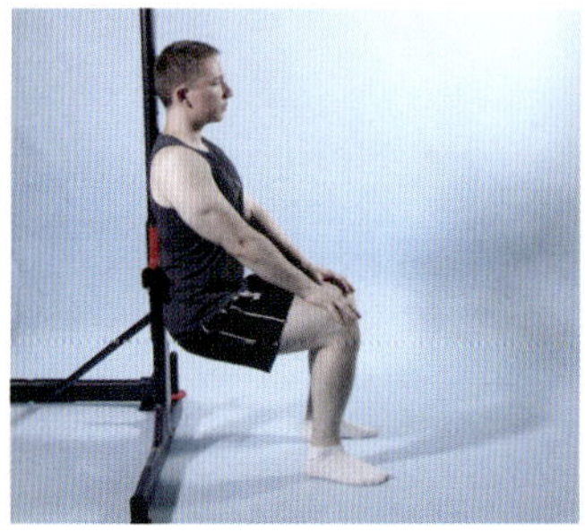

Exercice : La chaise
Position principale :
Debout contre un mur, pliez vos jambes de façon à ce qu'elles forment un angle droit. Votre dos est collé au mur.
Maintenez la position.

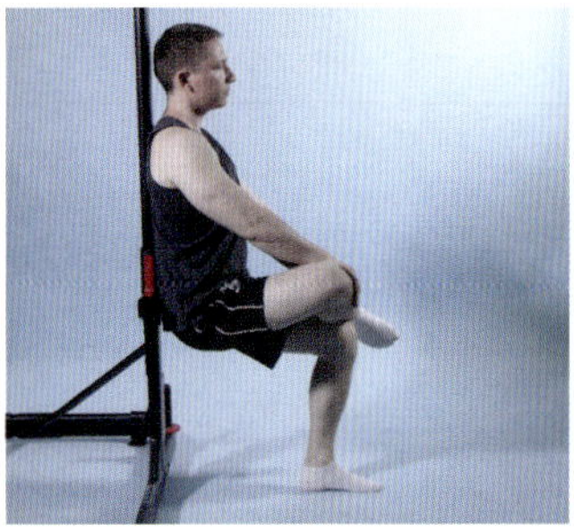

Exercice : La chaise – Variante 1 : A une jambe
Dans la même position, levez-une jambe et reposez votre pied sur l'autre jambe.
Maintenez la position. Changez ensuite de jambe.

Exercice : Extension des Mollets sur une jambe
Sur la pointe des pieds, poussez sur l'avant du pied pour tendre le pied le plus possible. Redescendez sans poser le talon au sol.

Conseils supplémentaires : Cet exercice peut s'effectuer sur deux jambes ou une seule jambe à la fois.
Vous pouvez surélever le pied, avec un escalier par exemple, pour augmenter l'étirement en position basse.

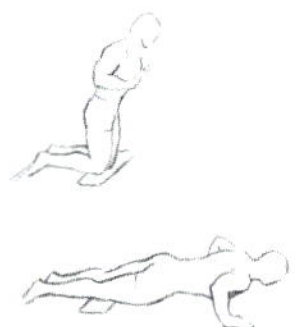

Exercice des ischio-jambiers au poids du corps
disponible dans l'addendum des exercices, p.544.

BLOC CUISSES – AVEC CHARGES ADDITIONNELLES

Exercice : Squat à la barre
Debout, une barre placée sur les épaules, pliez les genoux jusqu'à ce que vos cuisses soient parallèles avec le sol.
Tendez les jambes pour remonter.

Respiration : Inspirez en pliant les jambes. Expirez en remontant.

Conseils supplémentaires : Rentrez légèrement le ventre et contractez les abdominaux. Ne descendez pas complètement.
L'exercice peut-être réaliser avec la barre placée devant, cette variante s'appelle le « front squat ».

Si vous êtes peu souple, et qu'il vous est difficile de garder l'équilibre, placez une cale sous le talon de votre jambe d'appui. Cette solution doit être temporaire. Etirez-vous régulièrement pour résoudre ce problème. L'utilisation d'automassages pour les mollets est également conseillée.

Exercice : Fentes à la barre
Debout, les pieds écartés d'environ la largeur des épaules. Faites un pas vers l'avant et pliez la jambe. Le genou de la jambe qui ne bouge pas se plie pour s'approcher du sol.
Poussez avec la jambe de devant pour revenir dans la position de départ.

Respiration : Inspirez en descendant. Expirez en remontant.

Conseils supplémentaires : Varier la taille de votre pas sollicitera vos cuisses différemment. Faites des tests pour accentuer le développement du devant de la cuisse, ou de l'arrière de cuisse, selon vos envies.
Vous pouvez vous lester à l'aide d'un gilet de lest, ou en prenant un haltère ou un kettlebell dans chaque main.

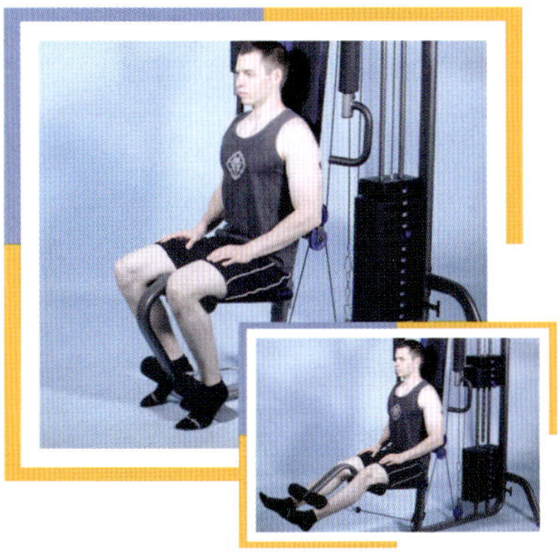

Exercice : Leg extension
Installez-vous sur l'appareil à leg extension. Tendez les jambes pour déplacer la charge. Revenez ensuite en position initiale.

Respiration : Inspirez en tendant les jambes. Expirez ensuite.

Conseils supplémentaires : ne tendez pas violemment les jambes. Laissez-les légèrement fléchies en position haute.

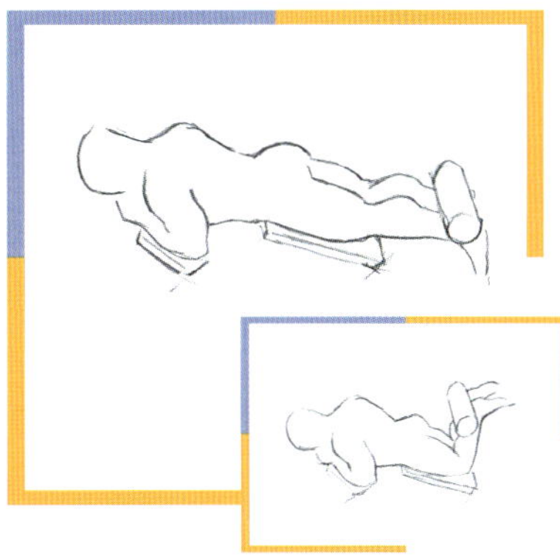

Exercice : Leg curl
Installez-vous sur l'appareil à leg curl. Pliez les jambes pour déplacer les charges. Tendez-les pour revenir dans la position initiale.

Respiration : Inspirez en pliant les jambes. Expirez ensuite.

Exercice : Extension des mollets à la barre
Le travail spécifique des mollets peut se réaliser avec une barre sur les épaules.
Barre sur les épaules, mettez-vous sur la pointe des pieds. Poussez sur l'avant du pied pour tendre le pied le plus possible. Redescendez sans poser le talon au sol.
Vous pouvez également utiliser une machine spécifique pour exercer les mollets.

Conseils supplémentaires : Vous pouvez surélever le pied pour augmenter l'étirement en position basse.

Exercice : Kettlebell swing
Les jambes un peu plus écartées que la largeur de vos épaules, vous tenez un kettlebell entre vos mains.
Pliez les jambes en ramenant le kettlebell entre vos jambes, vers l'arrière. Réalisez une extension de hanches pour remonter. Le kettlebell suit ce mouvement et remonte devant vous.

Respiration : Inspirez à la descente. Expirez en remontant.

Conseils supplémentaires : Cet exercice peut se réaliser à une main, en changeant ou non de main à chaque répétition.
Il est également possible d'utiliser un haltère pour cet exercice.

EXERCICES BLOC BRAS

BLOC BRAS – AU POIDS DU CORPS

Exercice : Flexion-extension des triceps –Variante 1 : Contre un mur
La variante la plus simple de cet exercice consiste à poser vos mains contre un mur. Pliez les bras, coudes vers le bas, jusqu'à avoir les coudes contre le mur.
Tendez les bras.

Respiration : Inspirez en descendant. Expirez en tendant les bras.

Conseils supplémentaires : Augmentez la difficulté de l'exercice en baissant la hauteur des mains progressivement. Lorsque la position n'est plus confortable, passez à la variante 1.1.

Exercice : Flexion-extension des triceps- Variante 1.1 : Contre un banc (ou une chaise)
Cette fois, utilisez une table ou tout support suffisamment haut pour poser vos mains dessus, et réaliser l'exercice.
Augmentez la difficulté en trouvant des supports de moins en moins haut, jusqu'à faire l'exercice avec une chaise.

Conseils supplémentaires : Ecartez les jambes pour rendre l'exercice plus facile. Rapprochez vos jambes jusqu'à avoir les pieds joints pour rendre l'exercice plus difficile.

Exercice : Flexion-extension des triceps - Variante 1.2 : Avec une barre
Pour cette variante, utilisez une barre qui permettra à vos coudes d'aller plus loin vers l'avant. En gagnant de l'amplitude, vous accentuerez l'étirement des triceps et donc leur développement.

Exercice : Flexion-extension des triceps - Variante 1.3 : Avec une barre, prise supination
Reprenez la même position que sur la variante 1.2. Cette fois-ci, les paumes de main sont tournées vers vous.

Exercice : Flexion-extension des triceps au sol
Pieds et mains au sol. Pliez les coudes jusqu'au sol et avancez la tête vers l'avant. Poussez avec vos bras et reculez les fesses pour revenir dans la position initiale.

Conseils supplémentaires : Placez un coussin sous les coudes pour augmenter le confort de l'exercice et votre amplitude de travail. Augmentez la difficulté de l'exercice en surélevant les pieds progressivement.

Exercice : Curl Lafay
Les mains tiennent chacune une sangle. Le corps est droit, penché vers l'arrière. Seuls les talons touchent le sol.
Réalisez une flexion de l'avant-bras sur le bras pour remonter. Descendez en tendant les bras.
Les coudes ne doivent pas bouger durant tout le mouvement.

Respiration : Expirez en pliant les bras. Inspirez en tendant les bras.

Conseils supplémentaires : Découvrez comment réaliser une installation confortable facilement ici :
http://methode.lafay.free.fr/index.php?2011/09/08/547-tutorial-pour-un-curl-lafay-ideal

BLOC BRAS – AVEC CHARGES ADDITIONNELLES

Exercice : Extension des triceps à la poulie haute
Attrapez la barre ou la corde de tirage. Les bras sont pliés en position haute, les coudes positionnés de chaque côté de la taille. Sans bouger les coudes (ou très peu), tirez la barre ou la corde vers le bas.

Respiration : Expirez en tirant la barre. Inspirez en remontant.

Exercice : Barre au front
Allongé sur le sol ou sur un banc de musculation, mettez la barre devant vous, bras tendus.
Pliez les bras en amenant la barre au niveau du front. Tendez les bras et revenez dans la position de départ.

Respiration : Inspirez en descendant. Expirez en remontant.

Conseils supplémentaires : Ne travaillez jamais avec des charges qui vous empêchent de réaliser moins de 12 répétitions sur cet exercice.
Cet exercice peut s'effectuer avec une barre droite ou une barre coudée selon votre confort.

Exercice : Curl à la barre - Prise supination
Debout, la barre est tenue, les paumes de mains sont tournées vers vous. Ramenez la barre à la poitrine en pliant les bras. Les coudes ne bougent pas.
Dépliez les bras pour revenir dans la position de départ.

Respiration : Inspirez en descendant. Expirez en remontant.

Conseils supplémentaires : Ne tendez pas totalement les bras en position basse !
Fléchissez légèrement les jambes pour plus de confort.

Exercice : Curl à la barre – Prise pronation
Les consignes d'exercice restent les mêmes sauf que cette fois, les paumes de mains seront tournées vers le sol.

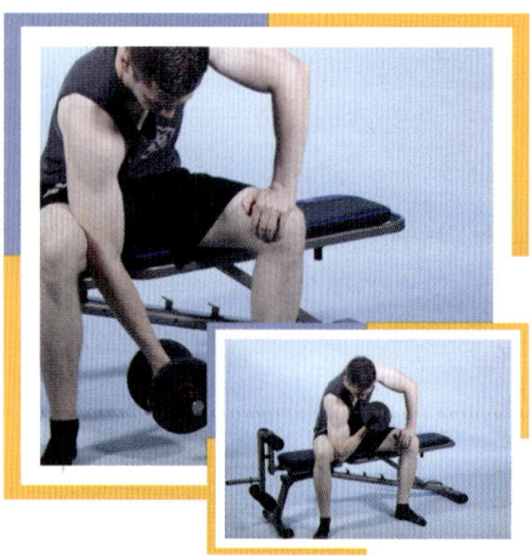

Exercice : Curl concentré
Assis sur une chaise ou un banc, le bras est posé sur la cuisse, juste au-dessus du coude.
Faites une flexion de l'avant-bras sur le bras pour ramener la charge vers vous. Dépliez ensuite le bras.

Respiration : Expirez à la flexion. Inspirez en tendant le bras.

Conseil supplémentaire : Ne tendez pas totalement les bras en position basse.

Exercice : Flexion des poignets à la barre - Prise supination
Asseyez-vous et placez les avant-bras sur les cuisses.
Prenez la barre dans vos mains. La paume des mains est tournée vers vous.
Baissez les mains, puis remontez la barre en ne bougeant que vos mains.

Exercice : Flexion des poignets à la barre - Prise pronation
Asseyez-vous et placez les avant-bras sur les cuisses.
Prenez la barre dans vos mains. La paume des mains est tournée vers le sol.
Baissez les mains, puis remontez la barre en ne bougeant que vos mains.

[L'exercice peut être réalisé à une main avec une kettlebell. Vous exercerez un bras puis l'autre dans ce cas. La consigne d'exécution reste la même pour cette variante]

EXERCICES BLOC ABDOMINAUX

BLOC ABDOMINAUX – AU POIDS DU CORPS

Exercice : Crunchs
Allongé au sol, pliez les jambes et relevez les pieds. Décollez le haut du dos du sol.
Enroulez le haut du corps en contractant les abdominaux.
Revenez dans la position de départ.

Respiration : Expirez à la montée. Inspirez à la descente.

Conseils supplémentaires : Ne tirez pas sur la nuque pour remonter. Gardez le ventre légèrement rentré durant toute la durée de l'exercice. Si vous avez mal au bas du dos lors de l'exercice, placez une serviette enroulée sous vos lombaires.

Exercice : Enroulements de bassin à la barre fixe

Suspendez-vous à une barre. Les mains sont écartées d'environ la large des épaules.
Pliez les jambes devant vous de façon à ce qu'elles forment un angle droit avec votre corps.
Enroulez le bas du dos. Revenez dans la position de départ.

Respiration : Inspirez à la montée. Expirez à la descente.

Conseils supplémentaires : Ne tirez pas sur les bras pour remonter. Vous pouvez modifier la respiration si vous le souhaitez. Choisissez celle qui est la plus confortable.
Si vous ne pouvez pas faire cet exercice, remplacez-le par des crunchs pieds au sol.

Exercice : Obliques

Avec un appareil de musculation une installation prévue à cet effet, positionnez-vous sur le côté, comme le montre la photo.
Relevez le haut du corps, tout en le laissant dans l'axe du corps : ne vous penchez pas vers l'avant pour rendre l'exercice plus facile.

Respiration : Expirez à la montée. Inspirez à la descente.

Exercice : Obliques au sol

Les consignes restent les mêmes que pour le mouvement pr pal, mais vous réalisez l'exercice au sol.

Exercice : Gainage

Coudes posés sur le sol, pieds au sol. Gardez le corps droit de la tête jusqu'aux pieds. Rentrez légèrement le ventre lors de l'exercice.
Maintenez la position.

Conseils supplémentaires : Si maintenir la position est difficile, levez légèrement les fesses.
Vous pourrez utiliser un gilet de lest ou demander à un partenaire d'entraînement de poser un poids sur le haut de votre dos pour rendre l'exercice plus difficile.

Exercice : Gainage de côté

Cette fois-ci, vous vous mettez sur le côté, en ne posant qu coude au sol.
Gardez le corps droit. Maintenez la position.
Changez de côté ensuite.

Exercice : Abdominaux statiques – Variante 1

1) Couchez-vous sur le dos, les jambes pliées, vos pieds sont posés à plat et vos reins sont plaqués au sol. L'écartement entre vos pieds correspond environ à la largeur de vos hanches. Prenez une profonde inspiration en gonflant le thorax tout en rentrant le ventre.

2) Soufflez ensuite très lentement en essayant de rentrer toujours plus votre ventre. Vous pouvez viser une expiration de trente secondes en cherchant à rentrer le ventre au maximum. Sachez qu'il est cependant difficile d'atteindre une durée d'expiration de trente secondes. Si vous réussissez à atteindre quinze secondes, c'est déjà très bien.

3) Lorsque votre ventre est rentré au maximum et que vous ne pouvez pas souffler davantage, tenez alors trois à sept secondes en apnée et avec le ventre rentré au maximum.

Exercice : Abdominaux statiques – Variante 2

1) Couchez-vous sur le dos, les jambes pliées, vos pieds sont posés à plat et vos reins sont plaqués au sol. L'écartement entre vos pieds correspond environ à la largeur de vos hanches.

2) Soufflez ensuite très lentement en essayant de rentrer toujours plus profondément votre ventre.

3) Pendant l'expiration, vos mains poussent vos hanches vers vos pieds, vos épaules restent basses, tandis que votre tête s'étire dans le sens opposé. Il faut que vous vous auto-grandissiez. Votre cou doit s'étirer et vos épaules doivent s'abaisser. La partie haute de votre ventre doit passer sous vos côtes et, dans le même temps, la partie basse de votre ventre doit se rapprocher le plus possible de votre coccyx.

4) Vous pouvez viser une expiration de trente secondes en cherchant à rentrer le ventre au maximum.

5) Lorsque votre ventre est rentré au maximum et que vous ne pouvez pas souffler davantage, tenez alors trois à sept secondes en apnée et avec le ventre rentré au maximum.

Variante : la position de base est la même. Mais vous allez cette fois souffler en émettant le son « S » tout en rentrant votre ventre au maximum. Vos mains peuvent être posées à plat autour de votre nombril afin d'affiner vos sensations.

Vous devez alterner base et variante. Vous ferez l'exercice de base lors de votre première séance, puis vous ferez la variante lors de votre séance, puis lors de la séance suivante vous ferez l'exercice de base, et ainsi de suite.

Rappel : Gardez le bas du dos collé au sol pendant toute la durée de l'exercice.

Exercice : Abdominaux statiques – Variante 3

1) Couchez-vous sur le dos, les jambes pliées, vos pieds sont posés à plat et vos reins sont plaqués au sol. Vos jambes sont dans le prolongement de votre corps.
2) Vous relevez votre jambe droite (en la gardant pliée) tout en posant votre main gauche sur votre genou droit.
3) Soufflez ensuite très lentement en essayant de rentrer toujours plus profondément votre ventre. En rentrant votre ventre, votre main gauche pousse votre jambe droite qui doit rester immobile.
4) Vous pouvez viser une expiration de trente secondes en cherchant à rentrer le ventre au maximum. Sachez qu'il est cependant difficile d'atteindre une durée d'expiration de trente secondes. Si vous réussissez à atteindre quinze secondes, c'est déjà très bien.
5) Lorsque votre ventre est rentré au maximum et que vous ne pouvez pas souffler davantage, tenez alors trois à sept secondes en apnée et avec le ventre rentré au maximum.
6) La partie haute de votre ventre doit passer sous vos côtes et, dans le même temps, la partie basse de votre ventre doit se rapprocher le plus possible de votre coccyx.
7) Faites un côté, puis recommencez de l'autre côté.

Exercice : Abdominaux statiques – Variante 4

1) Allongez sur le côté gauche, votre jambe droite est pliée par-dessus votre jambe gauche. Votre tête est posée sur votre bras gauche et votre bras droit est posé le long de votre corps. Votre position doit être stable.
2) Soufflez ensuite très lentement en essayant de rentrer toujours plus profondément votre ventre.
3) Vous pouvez viser une expiration de trente secondes en cherchant à rentrer le ventre au maximum. Sachez qu'il est cependant difficile d'atteindre une durée d'expiration de trente secondes. Si vous réussissez à atteindre quinze secondes, c'est déjà très bien.
4) Lorsque votre ventre est rentré au maximum et que vous ne pouvez pas souffler davantage, tenez alors trois à sept secondes en apnée et avec le ventre rentré au maximum.
5) La partie haute de votre ventre doit passer sous vos côtes et, dans le même temps, la partie basse de votre ventre doit se rapprocher le plus possible de votre coccyx.
6) Faites un côté, puis recommencez de l'autre côté.

Exercice : Abdominaux statiques – Variante 5

1) Couchez-vous sur le dos, les jambes collées et relevées à 90°, vos reins sont plaqués au sol.
2) Soufflez ensuite très lentement en essayant de rentrer toujours plus profondément votre ventre.
3) La partie haute de votre ventre doit passer sous vos côtes et, dans le même temps, la partie basse de votre ventre doit se rapprocher le plus possible de votre coccyx.
4) Ensuite, dès que votre ventre est rentré au maximum, vous devez respirer par le thorax tout en gardant votre ventre rentré au maximum.
5) Autrement dit : votre thorax se soulève à l'inspiration et se creuse à l'expiration (et votre ventre reste rentré pendant ce temps).
6) Restez dans cette configuration aussi longtemps que vous le pouvez avant de relâcher.

Exercice : Abdominaux statiques – Variante 6

1) Couchez-vous sur le dos, vos jambes sont pliées, croisées et relevées, vos reins sont quant-à-eux plaqués au sol.

2) Soufflez ensuite très lentement en essayant de rentrer toujours plus profondément votre ventre.

3) La partie haute de votre ventre doit passer sous vos côtes et, dans le même temps, la partie basse de votre ventre doit se rapprocher le plus possible de votre coccyx.

4) Ensuite, dès que votre est rentré au maximum, vous devez respirer par le thorax tout en gardant votre ventre rentré au maximum.

5) Autrement dit : votre thorax se soulève à l'inspiration et se creuse à l'expiration (et votre ventre reste rentré pendant ce temps).

6) Restez dans cette configuration aussi longtemps que vous le pouvez avant de relâcher.

Exercice : Abdominaux statiques – Variante 7

1) Asseyez-vous, vos mains sont posées sur vos cuisses, votre dos est droit, vos épaules sont relâchées et détendues et vos jambes sont pliées à 90°.

2) Soufflez ensuite très lentement en essayant de rentrer toujours plus profondément votre ventre.

Durant l'expiration, étirez votre cou vers le haut et poussez légèrement sur vos cuisses avec vos mains pour vous grandir.

3) La partie haute de votre ventre doit passer sous vos côtes et, dans le même temps, la partie basse de votre ventre doit se rapprocher le plus possible de votre coccyx.

4) Vous pouvez viser une expiration de trente secondes en cherchant à rentrer le ventre au maximum

5) Lorsque votre ventre est rentré au maximum et que vous ne pouvez pas souffler davantage, tenez alors trois à sept secondes en apnée et avec le ventre rentré au maximum.

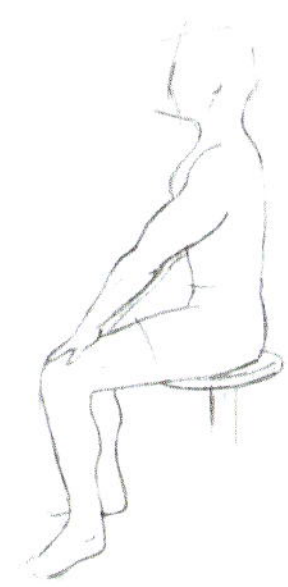

Exercice : Abdominaux statiques – Variante 8

1) Mettez-vous à genoux, avec les jambes légèrement écartées, vos mains sont posées sur vos hanches ou sur vos cuisses. Votre dos est droit (vous ne devez ni cambrer ni arrondir votre dos), vos épaules sont relâchées et détendues.

2) Soufflez ensuite très lentement en essayant de rentrer toujours plus profondément votre ventre.

Durant l'expiration, étirez votre cou vers le haut et poussez légèrement sur vos cuisses (ou vos hanches) avec vos mains pour vous grandir.

3) La partie haute de votre ventre doit passer sous vos côtes et, dans le même temps, la partie basse de votre ventre doit se rapprocher le plus possible de votre coccyx.

4) Vous pouvez viser une expiration de trente secondes en cherchant à rentrer le ventre au maximum. Lorsque votre ventre est rentré au maximum et que vous ne pouvez pas souffler davantage, tenez alors trois à sept secondes en apnée et avec le ventre rentré au maximum.

Exercice : Abdominaux Statiques- Variante 9

1) Mettez-vous debout, posez vos mains sur vos hanches, votre dos est droit (vous ne devez ni cambrer ni arrondir votre dos), vos épaules sont relâchées et détendues et vos genoux sont très légèrement fléchis.

2) Soufflez ensuite très lentement en essayant de rentrer toujours plus profondément votre ventre.

Durant l'expiration, étirez votre cou vers le haut et poussez légèrement sur vos hanches avec vos mains pour vous grandir.

3) La partie haute de votre ventre doit passer sous vos côtes et, dans le même temps, la partie basse de votre ventre doit se rapprocher le plus possible de votre coccyx.

4) Vous pouvez viser une expiration de trente secondes en cherchant à rentrer le ventre au maximum.

5) Lorsque votre ventre est rentré au maximum et que vous ne pouvez pas souffler davantage, tenez alors trois à sept secondes en apnée et avec le ventre rentré au maximum.

Exercice : Lombaires

Debout, bras tendus vers le haut. Baisser le haut du corps vers l'avant en gardant le dos droit.
Une fois le corps plié en 2, remontez.

Respiration : Expirez en descendant. Inspirez en remontant.

Conseils supplémentaires : ne creusez pas le bas du dos pendant l'exercice.

BLOC ABDOMINAUX AVEC APPAREIL DE MUSCULATION

Exercice : Crunchs à la poulie haute

Placé à genou sous une poulie haute, attrapez la corde de tirage.
Enroulez le haut du dos en contractant les abdominaux.

Exercice : Lombaires

Placez-vous sur un appareil de musculation des lombaires. Pliez le corps jusqu'à ce qu'il forme un angle droit, ou un peu moins. Remontez ensuite.

Respiration : Expirez en descendant. Inspirez en remontant.

Conseils supplémentaires : Ne remontez pas trop haut. Ne cambrez pas le dos en remontant.
Vous pouvez porter un poids contre votre poitrine lorsque vous êtes à l'aise sur l'exercice.

EXERCICES BLOC EPAULES

BLOC EPAULES – AVEC MATÉRIEL

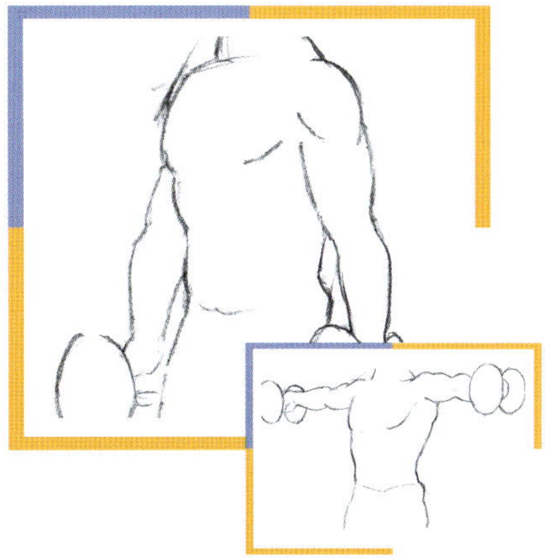

Exercice : Elévations latérales
Debout, pieds espacés de la largeur des épaules environ, un haltère dans chaque main.
Levez les mains sur les côtés jusqu'à amener les haltères à hauteur des épaules.
Ramenez ensuite les haltères en position basse.

Respiration : Inspirez en montant. Expirez en redescendant.

Conseils supplémentaires : Ne soulevez jamais de charges lourdes sur cet exercice. Gardez les bras légèrement pliés et ne remontez pas les haltères au-dessus des épaules.

Exercice : Développé haltère à un bras
Debout, pieds espacés de la largeur des épaules, un haltère dans une main. Portez l'haltère à côté de votre visage : votre paume de main est tournée vers vous. Tendez le bras vers le haut tout en faisant une rotation du bras : la paume de main est tournée vers l'avant en fin de mouvement. Revenez dans la position initiale ensuite.

Respiration : Inspirez en tendant le bras. Expirez en ramenant le bras en position initiale.

Conseils supplémentaires : Veillez à rester gainé tout au long de l'exercice : le ventre est légèrement rentré, les abdominaux légèrement contractés.

A noter : Cet exercice peut être réalisé avec un kettlebell. Dans ce cas, la paume de main est tournée vers l'avant, la kettlebell repose sur le dos de la main.
Tendez le bras vers le haut. Redescendez doucement.

« Dans une large mesure, le processus de socialisation consiste à enseigner aux jeunes ce qu'ils ne doivent pas voir, ni entendre, ni sentir ou dire. »

Paul Watzlawick

ADDENDUM : LES EXERCICES QUE VOUS N'AVIEZ PAS ENCORE TROUVÉS

Exercice : Ischio-jambiers au poids du corps (Glute Ham Raise)

1) Installez-vous au sol à genoux sur un tapis, les pieds ou chevilles maintenus fermement (calés au niveau de la barre basse d'un espalier ou tenus par un ami par exemple).

2) Le buste bien droit dans le prolongement des cuisses, le dos et les abdominaux gainés, vous allez fléchir les coudes et mettre les paumes ouvertes vers l'avant, prêtes à vous réceptionner au sol.

3) Laissez choir votre corps doucement vers l'avant, buste et dos toujours bien droits, en contrôlant la descente par une **contraction excentrique** (cf p.130) des ischio-jambiers.

4) A un certain point, la force exercée par la chute de votre corps en avant sera supérieure à la résistance musculaire des ischio-jambiers. Laissez-vous alors tomber en vous réceptionnant sur les deux mains, en position de Pompe à genoux.

5) Deux possibilités : Revenez tranquillement à la position de départ et recommencez l'étape 2) ou, plus dynamique, donnez une impulsion avec les deux mains tout en cherchant à contracter les ischio-jambiers (**contraction concentrique**, p.130) pour vous redresser.

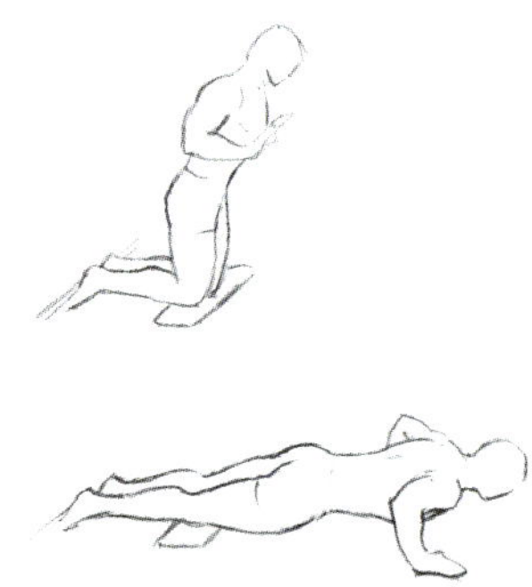

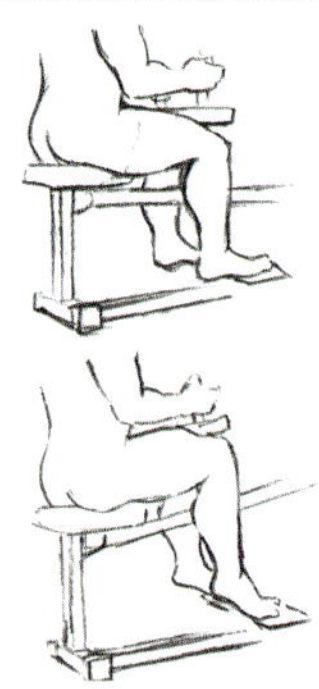

Exercice : Extension des mollets à la machine, assis (ou debout)

1) Installé sur la machine, la charge est placée sur vos cuisses au-dessus des genoux fléchis à 90° (ou sur vos épaules si vous êtes sur une machine, debout).

2) Vous allez ensuite soulever la charge par une contraction du mollet en expirant. Vos orteils sont fixés au sol et votre talon se lève.

3) Faites redescendre la charge en relâchant la contraction du mollet et en inspirant. Le talon revient au niveau des orteils ou plus bas si la machine vous le permet.

NB : vous pouvez réaliser cet exercice sans machine, assis sur un banc, pieds au sol avec une barre et des charges. (Pour l'extension des mollets sans machine debout, voir p.533)

Exercice : Les cuisses à la Presse Inclinée

1) Assis confortablement, le dos bien droit et le ventre gainé, venez positionner vos pieds sur le plateau (écart : une largeur d'épaule). Régler la charge puis la hauteur du plateau pour que vos genoux soient légèrement fléchis en position initiale. Ils ne doivent jamais être tendus au maximum ni verouillés pendant l'exercice.

2) En inspirant, vous allez laisser descendre le plateau vers vous en fléchissant les chevilles, les genoux et les hanches (travail excentrique).

3) En expirant, vous allez ensuite remonter le plateau vers le haut en tendant les chevilles, les genoux et les hanches (travail concentrique).

NB : recrutement musculaire principal en fonction de la position des pieds sur le plateau :
- Pieds au centre, largeur d'épaule : quadriceps, fessiers et ischio-jambiers
- Pieds au centre et rapprochés : quadriceps, vastes externes et abducteurs
- Pieds au centre et plus écartés, orteils vers l'extérieur : quadriceps, vastes internes et adducteurs
- Pieds en avant et rapprochés : fessiers et ischio-jambiers
- Pieds en arrière et rapprochés : Quadriceps (à éviter en cas de fragilité des genoux)

pouvez pas souffler davantage, tenez alors trois à sept secondes en apnée et avec le ventre rentré au maximum.

CHAPITRE XI

FOIRE AUX QUESTIONS

Nous supprimons vos doutes

« C'est en composant avec l'aléa, et non en l'ignorant, que la stratégie devient rationnelle. C'est en convivant avec le désordre que l'organisation vivante surpasse en rationalité une organisation sans désordre, mais incapable de vivre. »

Edgar Morin (1)

ENTRAÎNEMENT :

Comment reprendre après un arrêt ?

- Si l'arrêt de l'entraînement a été court (une à deux semaines maximum), vous pouvez reprendre au niveau en cours, en revenant à un nombre de répétitions vous permettant de vous entraîner sans vous épuiser.
- Si l'arrêt de l'entraînement a été plus long et que vous ne savez pas où reprendre, recommencez le test de capacités p. 138.

J'ai beaucoup de courbatures, comment les gérer ?

- **Vous avez trop forcé lors de votre dernière séance. Il va falloir apprendre à mieux gérer vos efforts.** En attendant, pour la ou les séances suivantes, pensez à bien vous échauffer, ceci devrait largement atténuer vos courbatures. Pensez également à vous hydrater et à vous étirer en douceur. Cela ne fera pas disparaître vos courbatures plus vite mais atténuera les douleurs.
- Si les courbatures sont trop douloureuses, reportez votre séance.

Je n'ai jamais de courbatures, dois-je m'inquiéter ?

- Non, il est très bon de pouvoir progresser sans courbatures, profitez-en !

Je constate un problème de symétrie de mes muscles, comment résoudre cela ?

- Personne n'est totalement symétrique et il est donc normal d'avoir une légère asymétrie.
- Veillez néanmoins à ne pas forcer plus d'un côté que de l'autre en séance, notamment lorsque l'exercice devient difficile.

J'aimerais exercer spécifiquement l'arrière de mes épaules. Puis-je ajouter des exercices supplémentaires ?

- Si vous exercez correctement votre dos, que vous faites régulièrement des pompes et que vous vous pratiquez régulièrement les exercices d'assouplissement (voir p. 211.), l'arrière de vos épaules devrait bien se développer.

J'aimerais soulever des charges supérieures à 100kg au Squat ou à la Presse, est-ce possible ?

- En réalisant des séries de 20 répétitions (ou plus) à 100kg en ½ amplitude, vous serez déjà très fort et très endurant. Au-delà de cette limite, les contraintes mécaniques exercées sur les tendons et les articulations vont être de plus en plus importantes et les risques de blessures et d'usure prématurée bien réels. Si vous souhaitez néanmoins soulever plus lourd, gardez en tête que le stress mécanique et nerveux supplémentaire lié à des charges importantes devra être géré au mieux pour ne pas altérer votre santé.

J'aimerais faire du Squat à la Barre à pleine amplitude, est-ce possible ?

- Nous proscrivons le Squat à la Barre pleine amplitude car cet exercice n'est pas indispensable pour progresser en force et en volume au niveau des cuisses et fessiers. Il a un intérêt très relatif sur le plan fonctionnel. Et surtout, avec des charges importantes, il entraîne des contraintes mécaniques excessives pour les genoux, les hanches et les lombaires. C'est incompatible avec le cahier des charges de Sybernetics qui fait passer la santé avant les performances.

Puis-je m'entraîner le soir avant de dormir ?

- C'est tout à fait possible. L'entraînement réalisé correctement, suivi de l'exercice du silence (voir p. 334.) peut même vous permettre de mieux dormir.
- De manière générale, il faut trouver un compromis entre le moment de l'entraînement et vos contraintes personnelles. Alors si vous ne pouvez vous entraîner qu'en soirée à cause de votre emploi du temps, c'est mieux que de ne pas vous entraîner du tout, n'est-ce pas ?

Je ne progresse pas sur les Tractions, comment faire ?

- Si les exercices de tractions sont trop difficiles, différentes possibilités s'offrent à vous :
  - Déplacer le Bloc Dos en début de séance : votre séance commencera par les exercices ciblant le dos.
  - Réaliser des tractions horizontales (exercices p. 527 - 528) à la place des tractions verticales.
  - Utiliser des élastiques pour vous délester (voir p. 207).
  - Exercer votre dos sur des machines de musculation prévues à cet effet (voir exer-

- Ne négligez ni l'échauffement, ni les étirements. Bien des douleurs disparaissent lorsque ces 2 points sont respectés. Veillez également à l'exécution de l'exercice : poussez bien avec le talon. Pour vous aider, ajoutez une cale (haltère à plat ou serviette pliée) sous votre avant-pied pour que les orteils soient plus hauts que le talon.
- Vous pouvez aussi ajouter l'exercice de la chaise avant de faire vos squats à une jambe.

J'ai mal quelque part, que puis-je faire ?

- N'oubliez pas que pour toute douleur, il vous est possible et même recommandé de vous rendre au chapitre Prophylaction et d' effectuer les tests.

Les exercices de cuisses me donnent la nausée. Comment faire pour éviter cela ?

- Cela peut être lié à plusieurs facteurs : trop d'intensité, une inhibition de l'action ou un entraînement trop proche du repos. Les solutions se trouvent dans les chapitres Souplesse, Nutrition et Musculation Méditative. Vous pouvez déjà faire une Mini-Boucle, voir p. 115.

J'ai mal à la nuque en faisant les abdominaux, est-ce normal ?

- Il n'est pas normal d'avoir des douleurs pendant les exercices, y compris les exercices d'abdominaux. Veillez à bien vous enrouler sans tirer sur la nuque.
- Fixez un point au plafond, concentrez-vous sur la contraction de vos muscles abdominaux et gardez la nuque droite. Réduisez le nombre de répétitions le temps d'apprendre à réaliser le mouvement convenablement.

Comment ne pas se balancer lors des Abdominaux à la Barre Fixe ?

- Détendez bien le haut du corps, relâchez les épaules et ne forcez pas avec les bras pour vous enrouler. C'est le bas de votre corps qui doit s'enrouler sur lui-même.
- Respirez bien, faites le mouvement doucement et vous serez stable.

Peut-on remplacer le Développé Couché à la barre par du Développé Couché avec haltères ?

- Oui, c'est tout à fait possible.

Puis-je faire du Développé Militaire à la place des Pompes en Poirier ?

- Le Développé Militaire, qu'il soit debout ou assis, apporte beaucoup de contraintes mécaniques sur l'organisme. On peut largement s'en passer pour développer notre buste et nos épaules. Si vous souhaitez cibler vos épaules, utilisez plutôt l'exercice Développé Haltère à un Bras, p. 543.

J'ai mal aux coudes pendant l'exercice Flexion-Extension des Triceps au Sol, comment faire ?

- Placez un ou plusieurs coussins ou un tapis de gymnastique mou sur lesquels vos coudes se poseront. L'exercice sera immédiatement plus confortable. Si cela reste difficile, vous pouvez également revenir sur une variante plus facile de l'exercice : Flexion-Extension des Triceps à la Barre, au Mur ou Dips entre deux Supports (chaise, banc, ...).

Puis-je exercer les mollets dès le début ?

- C'est possible. Ajoutez l'exercice d'Extension des Mollets (p. 532) 2 à 3 minutes après l'exercice des Bondissements sur Place (p. 531) de votre séance.
- Si vous voulez obtenir des mollets volumineux et que vous aimez les exercices cardio-vasculaires, vous pouvez ajouter une à deux séances de cyclisme ou de course à pied par semaine, en plus de vos séances. Consultez le Chapitre Endurance.

J'ai mal aux poignets pendant le pont. Comment faire ?

- Vous forcez trop. Assouplissez vos poignets et votre ceinture scapulaire (voir p. 275 - 276).

J'ai des difficultés à pousser pendant le pont. Que faire ?

- Attendez d'acquérir assez de force et de souplesse (grâce à la flexion arrière). Vous pouvez consulter cet article :
https://olivier-lafay.com/2016/10/24/execution-du-pont-ce-quil-faut-savoir-absolument/

Dois-je prendre une barre droite ou une barre coudée (barre EZ) pour m'entraîner ?

- Le choix de la barre doit se faire en fonction de votre confort. Si la barre droite ne vous procure aucune gêne aux coudes et aux poignets lors des exercices, n'hésitez pas. Sinon, utilisez une barre coudée. Si vous ne savez pas vers quoi vous tourner, préférez une barre coudée.

J'ai mal aux poignets quand je fais des tractions.Que faire ?

- Essayez différents écartements et différentes prises pour voir si cela soulage les tensions/douleurs aux poignets.
- Si cela ne fonctionne pas, passez des sangles autour de la barre, et faites vos tractions en vous y accrochant.

J'ai mal aux épaules quand je fais des tractions nuques. Que faire ?

- Veillez à bien vous échauffer avant de commencer l'exercice, et testez différents écartements des mains.
- Si l'exercice reste désagréable, remplacez-le par les Tractions Horizontales Larges (p. 528).
- Notez que cet exercice nécessite une bonne souplesse des épaules et de la ceinture scapulaire pour être réalisé convenablement et sans vous faire mal. Ne négligez pas la pratique des étirements, reportez-vous à l'Annexe C du Chapitre Entraînement, p. 208.

MÉDITATION / ETIREMENTS / PILIERS :

Ma posture va-t-elle s'améliorer avec les étirements ?

- La bonne pratique des étirements associée aux Six Piliers de la Santé et à l'Entraînement Stratégique aura un impact positif sur votre posture.
- Dans les cas extrêmes, il peut être utile de consulter un ou plusieurs professionnels de santé, pour réaliser une rééducation spécifique.

J'ai le bas du dos fragile, comment le renforcer ?

- Vous pouvez vous diriger vers la Routine Dos du Chapitre Souplesse, p. 265, ainsi que réaliser l'exercice du Transverse régulièrement, voir p.293.

J'ai mal en bas du dos quand je me relève de l'exercice 42 (debout, jambes légèrement fléchies, penché en avant vers les pieds). Que faire ?

- Avant de vous relever, pliez les genoux, baissez les fesses, puis relevez-vous. Ceci évitera de créer des tensions dans le bas du dos en vous relevant.

Puis-je m'étirer avant de dormir ?

- Sans aucun problème. Cela vous aidera à dormir et améliorera la qualité de votre sommeil. Exercer les Six Piliers de la Santé (voir p. 244) est également très bénéfique.

Puis-je pratiquer l'exercice du Transverse assis ?

- C'est une possibilité. Toutefois, vous en retirerez moins de bénéfices qu'avec la position à quatre pattes.

Je n'ai pas le temps de faire l'exercice du Silence après ma séance, quand puis-je le faire ?

- Quand vous le souhaitez. Dès que vous avez un peu de temps, ou même dans votre lit, au moment de vous coucher. Il est même possible de s'endormir en le réalisant.

J'ai la tête qui tourne quand j'exerce mon diaphragme. Que faire ?

- Optez pour la variante C de l'exercice.

Peut-on exercer les Six Piliers de la Santé avant l'entraînement ?

- Oui, cela peut être très bénéfique si vous êtes fortement tendu. En vous détendant, vous appréhenderez moins les efforts à fournir lors de l'entraînement et vous en verrez les effets positifs sur vos ressentis et vos performances.

NUTRITION :

Puis-je m'entraîner à jeun même si je suis en phase de construction musculaire ? Cela ralentira-t-il mes progrès ?

- Cela ne ralentira pas les progrès si vous mangez suffisamment durant la journée. Après la séance, ne traînez pas pour prendre votre petit-déjeuner, afin d'éviter au maximum le catabolisme musculaire. Pour en savoir plus, reportez-vous à l'encadré sur l'Entraînement à jeun dans le Chapitre Endurance, p. 360.

Comment gérer l'alimentation pendant un arrêt sportif ?

- Si l'arrêt se fait sur une semaine, inutile de modifier l'alimentation. Si l'arrêt se poursuit dans le temps, il peut être judicieux de réduire un peu les quantités de nourriture.

Dois-je manger moins les jours sans entraînement ?

- Lorsque vous suivez une diète saine et équilibrée telle que recommandée dans cet ouvrage, il n'est pas indispensable de modifier vos apports les jours sans entraînement.

Les protéines en poudre permettent-elles de se muscler plus vite ?

- Ce complément ne vous fera pas progresser plus vite, il peut cependant optimiser facilement vos apports journaliers en protéines. Référez-vous aux conseils donnés p. 417 du chapitre Nutrition.

Peut-on s'entraîner après un repas ? Si oui, combien de temps faut-il attendre ?

- Il est possible de s'entraîner après avoir mangé. Nous vous conseillons néanmoins d'attendre quelques heures après un gros repas pour éviter des sensations de nausées et de lourdeur.

Puis-je prendre un « booster » ou de la caféine pour contrer la fatigue avant l'entraînement ?

- Nous ne conseillons pas cette option qui masque la fatigue. Adaptez plutôt la séance à votre niveau d'énergie : forcez moins en séance. Pour cela, référez-vous aux conseils donnés dans le chapitre Les bases de l'entraînement.

Je manque d'énergie lors de l'entraînement, que faire ?

- Cela peut venir d'un trop grand laps de temps écoulé entre votre dernier repas et votre séance.
- Vous pouvez intégrer une collation une heure environ avant le début de l'entraînement ou boire du jus d'orange coupé avec de l'eau durant votre séance.
- S'il ne s'agit pas d'une fatigue passagère, assurez-vous de manger suffisamment.
- Cela peut aussi être du à un stress prolongé, un état d'inhibition de l'action ou d'un surmenage. Référez-vous aux chapitres Souplesse et Musculation Méditative.

MOTIVATION

Comment gérer un « coup de mou » ponctuel ?

- Parfois, nous n'avons pas envie de nous entraîner. Débuter néanmoins la séance peut nous permettre de passer ce point de blocage et de prendre plaisir lors de l'entraînement. Référez-vous aux chapitres Motivation et Musculation Méditative.

M'entraîner seul me démotive. Que puis-je faire ?

- Il est possible d'envisager une inscription dans une salle de musculation, ou de rechercher des partenaires d'entraînement en motivant votre entourage ou en rencontrant d'autres pratiquants.

D'AUTRES QUESTIONS ?

Accédez à plus de questions/réponses en ligne sur notre site web : https://olivier-lafay.com/faq/

Venez les poser sur : https://www.facebook.com/MethodeLAFAY

Contact: sybernetics@ldmt.fr

Si vous souhaitez être encadré dans votre entraînement,
nous proposons des suivis: suivis@ldmt.fr

« L'impératif éthique : Agis toujours de manière à augmenter le nombre de choix possibles. »

Heinz von Foerster

Auteurs références (liste non exhaustive)

« Entretiens vidéo disponible sur notre chaîne Youtube Effi-sciences Lafay »

Hannah ARENDT : Philosophe et politologue américaine d'origine allemande

Henri ATLAN : Médecin biologiste français, professeur émérite de biophysique, fondateur et ancien directeur du centre de recherche en biologie humaine de l'hôpital universitaire d'Hadassah à Jérusalem, directeur d'études en philosophie de la biologie à l'École des hautes études en sciences sociales. Parler des 20 avances par magazine La Recherche ?

Gaston BACHELARD : Philosophe français, l'un des principaux représentants de l'école française d'épistémologie historique

Francis BACON : Philosophe et scientifique anglais

Albert BANDURA : Psychologue canadien, professeur émérite de psychologie à l'université Stanford, considéré comme l'un des chercheurs en psychologie les plus influents du XXe siècle selon l'étude officielle Review of General Psychology (2002)

Gregory BATESON : Anthropologue américain, épistémologue, ayant révolutionné la psychologie en y intégrant les concepts de la cybernétique

David BERCELI : traumatologue américain

Claude BERNARD : Médecin français, physiologiste, fondateur de la médecine expérimentale ainsi que du concept d'homéostasie, central en cybernétique

Éric BERNE : Psychiatre américain, fondateur de l'analyse transactionnelle

Élizabeth BLACKBURN : Biologiste moléculaire américaine, Prix Nobel de médecine pour ses travaux sur les télomères

Ingeborg BOSCH BONOMO : Docteur en psychologie, psychothérapeute hollandaise fondatrice de la thérapie PRI (Past Reality Integration)

Claude BOURGUIGNON : ingénieur agronome français, co-fondateur du Laboratoire d'Analyse Microbiologique des sols (LAMS)

Lydia BOURGUIGNON : maître ès sciences française, technicienne en œnologie, co-fondatrice du LAMS

John BOWLBY : Psychiatre et psychanalyste anglais, fondateur de la théorie de l'attachement

Federica CAGNONI : psychologue et psychothérapeute italienne

Bernard CALVINO : Biologiste et physiologiste français spécialiste de la douleur, ancien collaborateur d'Henri Laborit

Voir son entretien vidéo avec LDMT

Georges CANGUILHEM : Médecin et philosophe des sciences français

Louis-Ferdinand CÉLINE : Romancier et médecin français

Dawson CHURCH : docteur en philosophie étatsunien

Marc-André COTTON : Psychohistorien français. Voir son entretien avec LDMT sur notre chaîne YouTube Effi-Sciences Lafay

Voir son entretien vidéo avec LDMT

Laurent COSNEFROY : Professeur d'université français en Sciences de l'éducation

Gary CRAIG : Ingénieur étatsunien, fondateur de l'Emotional Freedom Technique (EFT)

Boris CYRULNIK : neuro-psychiatre et écrivain français

Antonio DAMASIO : Neurologue portugais, directeur de l'Institut pour l'étude neurologique de l'émotion et de la créativité de l'université de Californie

Robert DANTZER : docteur ès sciences, neurobiologiste, vétérinaire et écrivain français

Joël DE ROSNAY : docteur ès sciences français, spécialiste en chimie organique et prébiotique, ancien enseignant au MIT, écrivain et prospectiviste

René DESCARTES : mathématicien, physicien et philosophe français, père de la philosophie moderne

Taisen DESHIMARU : maître bouddhiste zen japonais. Promoteur du bouddhisme zen en occident

Michel DESMURGET : Docteur en neuroscience français, chargé de recherche au CNRS et à l'INSERM

Paul DIEL : psychothérapeute et philosophe français d'origine autrichienne. Fondateur d'une psychothérapie de la motivation

Fiodor DOSTOÏEVSKI : écrivain russe emblématique

Françoise DOLTO : pédiatre et psychanalyste française

Karlfried Graf DÜRCKHEIM : Diplomate, philosophe et psychologue allemand initié au bouddhisme zen.

Alain EHRENBERG : Sociologue français, directeur de recherche émérite au CNRS, fondateur du Centre de recherche « Psychotropes, santé mentale et société »

Mircea ELIADE : Historien spécialiste des mythes et religions, philosophe et romancier roumain.

Paul ÉLUARD : Poète français pilier du surréalisme

Pierre FAYARD : docteur en science de l'information français

Moshe FELDENKRAIS : physicien israelien d'origine russe, créateur de la Méthode Feldenkrais.

Sàndor FERENCZI : Neurologue, psychanalyste hongrois

Jean-Marc FERT : Titulaire d'une maîtrise en science de l'éducation et écrivain français

Richard FISCH : psychiatre étatsunien et membre fondateur de l'école de Palo Alto

Robert FISHER : dramaturge et scénariste étatsunien, auteur du best-seller Le chevalier à l'armure rouillée.

Sigmund FREUD : neurologue autrichien, fondateur de la psychanalyse.

Erich FROMM : sociologue et psychanalyste étatsunien d'origine allemande.

Dany GERBINET : psychothérapeute et écrivain français, représentant de l'Institut Gregory Bateson en France.

Voir son entretien vidéo avec LDMT

Thomas GORDIN : psychologue étatsunien

Nicole GUEDENEY : pédopsychiatre clinicienne française spécialiste de la biologie de l'attachement, maître ès science et auteur.

Catherine GUEGUEN : pédiatre française, spécialiste en haptonomie et communication non-violente et écrivain

Edward T. HALL : anthropologue, sociologue, professeur d'université et écrivain étatsunien

Brian HAYDEN : paléontologue, anthropologue et écrivain canadien spécialiste de la question de l'inégalité dans les sociétés humaines.

Édith HEARD : généticienne britannique spécialiste en épigénétique et écrivain. Titulaire de la chaire Epigénétique et Mémoire Cellulaire au Collège de France

Sarah Blaffer HRDY : Anthropologue, primatologue et sociobiologiste étatsunienne. Membre de l'Académie nationale des sciences américaine. Professeur émérite d'anthropologie à l'Université de Caroline-Davis.

Valérie G. HARDCASTLE : docteur en philosophie et sciences cognitives et professeur d'université étatsunienne.

Gerald HÜTHER : Neurobiologiste allemand, directeur du département de recherche fondamentale de neurobiologie du Centre Hospitalier Universitaire psychiatrique de l'université de Göttingen et le centre de recherche préventive de neurobiologie de l'université de Göttingen et Mannheim/Heidelberg.

François JULLIEN : Philosophe, helléniste et sinologue français. Ancien membre sénior de l'Institut universitaire de France. Ancien président du Collège international de philosophie. Titulaire de la chaire sur l'altérité créée à la Fondation Maison des sciences de l'homme.

Donald deAvila JACKSON : psychiatre étatsunien chef de fil de la thérapie brève et cofondateur de l'école de Palo Alto

Carl Gustav JUNG : médecin psychiatre et psychanalyste suisse

Pierre KARLI : Médecin, neurobiologiste et professeur d'université français. Membre de l'Académie des Sciences.

Jean-Claude KAUFMANN : sociologue et écrivain français

Françoise KOURILSKY : docteur en psychologie française spécialiste en management et auteur du best-seller « Du désir au plaisir de changer ».

Thomas KUHN : philosophe et historien des sciences étatsunien.

Henri LABORIT : Chirurgien, neurobiologiste et auteur français.

Guy LAZORTHES : médecin, neurochirurgien, professeur des universités et écrivain français.

Jacques LECOMTE : docteur en psychologie français, spécialiste de la psychologie positive.

Joseph LEDOUX : médecin, neurobiologiste, psychologue et professeur d'université étatsunien.

Jean-Louis LE MOIGNE : ingénieur et professeur d'université français, spécialiste de la systémique et de l'épistémologie constructiviste.

René LERICHE : chirurgien et physiologiste français, spécialiste de la douleur et du système nerveux autonome.

Peter A. LEVINE : Psychologue américain, docteur en biophysique médicale, ancien consultant de la NASA en matière de stress. Créateur du Somatic Experiencing pour le traitement du trauma

Bruce H. LIPTON : biologiste étatsunien spécialiste en épigénétique

Alexander LOWEN : Pyschiatre et psychanalyse américain, fondateur de l'analyse bioénergétique

Amin MAALOUF : écrivain et essayiste franco-libanais

Florence MAGNIN et Rodolphe : illustratrice et auteure de bande-dessinée française

Michela MARZANO : philosophe et écrivaine italienne

Olivier MAUREL : professeur de littérature et écrivain français, fondateur de l'Observatoire de la Violence Educative Ordinaire (OVEO)

Voir son entretien vidéo avec LDMT

Roberta MILANESE : psychologue italienne responsable du Centre de Thérapie Stratégique de Gênes

Stanley MILGRAM : psychologue social étatsunien, célèbre pour son expérience dite de Milgram.

Alice MILLER : docteur en philosophie et en psychologie, psychanalyste suisse d'origine polonaise. De part ses travaux révolutionnaires sur l'enfance, elle s'inscrit en faux contre le courant Classique de la psychanalyse

Voir l'entretien vidéo de son ancienne assistante Brigitte Oriol

Jacques MIERMONT : psychiatre et psychanalyste français, president de la Société Française de Thérapie Familiale

Joël MONZEE : Docteur en neuroscience et psychothérapeute belge, spécialiste en développement affectif et psychomoteur de l'enfant.

Voir son entretien vidéo avec LDMT

Serge MOSCOVICI : psychologue et historien des sciences français d'origine roumaine.

Edgar MORIN : Sociologue et philosophe français, docteur honoris causa de nombreuses universités de par le monde. Père de la pensée complexe.

Giorgio NARDONE : psychothérapeute italien representant des Thérapies Brèves Stratégiques

Friedrich NIETZSCHE : philologue, philosophe, poète et musicien prusse puis allemand.

Georges ORWELL : écrivain, essayiste et journaliste britannique. Il est notamment connu pour son roman dystopique "1984"

Marylène PATOU-MATHIS : préhistorienne, paléontologue française spécialiste de l'homme de Néandertal

Voir son entretien vidéo avec LDMT

Luigi PIRANDELLO : écrivain et poète italien

Steven PINKER : psychologue cognitiviste canadien

Ilya PRIGOGINE : physicien et chimiste belge d'origine russe. Prix Nobel de Chimie en 1977.

Pierre RAHBI : Essayiste, agriculteur et écologiste français, créateur du Mouvement des Colibris

Otto RANK : pyschologue et psychanalyste autrichien.

Ernest ROSSI : docteur en psychologie, psychothérapeute ericksonnien étatsunien.

Wilhelm REICH : médecin psychiatre et psychanalyste d'origine austro-hongroise.

Babette ROTHSCHILD : Psychologue et psychothérapeute étatsunienne, spécialiste en psychotraumatologie.

Hélène ROMANO : psychologue et essayiste française

Muriel SALMONA : psychiatre française spécialiste en psychotraumatologie et victimologie.

Francine SHAPIRO : psychothérapeute comportementale étatsunienne, fondatrice de l'Eye Movement Desensitization and Reprocessing (EMDR).

Paul SCHILDER : psychiatre et psychanalyste autrichien

Siegfried SCHMIDT : philosophe allemand

Allan SCHORE : psychologue étatsunien spécialiste en neuropsychologie.

Lynn SEGAL : psychothérapeute et écrivain étatsunien, chercheur au Mental Research Institute de l'école Palo Alto.

Jacki SINANT : éducateur spécialisé français et thérapeute familial systémique

Aletha SOLTER : psychologue suisse et américaine, spécialiste de la biologie de l'attachement et des psychotraumatismes.

Baruch SPINOZA : philosophe néérlandais d'origine portugaise

John STEINBECK : romancier, novelliste et correspondant de guerre étatsunien. Prix Nobel de Littérature en 1962.

Max STIRNER : philosophe allemand

Martin TEICHER : médecin, docteur en philosophie et psychologie étatsunien

Guy TONELLA : docteur en psychologie Clinique, psychothérapeute analyste bioénergéticien français. Co-fondateur du Collège Français d'Analyse Bioénergétique.

Voir son entretien vidéo avec LDMT

John Kennedy TOOLE : écrivain étatsunien

Christian TRÉDANIEL : fondateur de l'étiopathie

Mathieu TRICLOT : philosophe français, spécialiste en épistémologie et histoire des sciences et des techniques.

Bessel VAN DER KOLK : psychiatre étatsunien spécialiste en psychotraumatologie

Ludwig VON BERTALANFFY : biologiste austro-canadien, père de la Théorie Systémique.

Heinz VON FOERSTER : physicien et philosophe austro-américain, père de la Seconde Cybernétique

Paul WATZLAWICK : psychologue, psychothérapeute, psychanalyste austro-américain, promoteur du constructivisme et co-fondateur de l'Ecole de Palo Alto

Michael WHITE : psychothérapeute, travailleur social et écrivain australien, créateur de la Thérapie Narrative

Norbert WIENER : mathématicien étatsunien, fondateur de la Première Cybernétique

Yves WINKIN : professeur d'université en sciences de la communication et écrivain belge, member du Laboratoire Anthropologie de la Communication

Donald WINNICOTT : pédopsychiatre et psychanalyste britannique

Jean-Jacques WITTEZAELE : psychologue et psychothérapeute belge, représentant francophone de la Thérapie Stratégique Brève

Arlette YATCHINOVSKY : consultante française experte en gestion des ressources humaines